Diseño Web Con CSS

Alicia Durango

ISBN: 978-1495967825

Tabla de Contenidos

TABLA DE CONTENIDOS... 2

NOTAS DEL AUTOR 7

DEDICACIÓN 8

INTRODUCCIÓN A CSS 9

LA SINTAXIS DE CSS 9
SELECTORES DE GRUPO 12
SELECTORES DE CLASE 12
SELECTOR DE IDENTIFICACIÓN 14
POSICIONAMIENTO ABSOLUTO Y POSICIONAMIENTO RELATIVO.. 19

FORMATO CON LAS HOJAS DE ESTILOS 20

VENTAJAS DE USAR CSS 20
GANAR GANAR TIEMPO Y FLEXIBILIDAD 21
EL MECANISMO DE CASCADA 22
PROBLEMAS CON LOS NAVEGADORES 24

ESCRITURA Y COMBINACIÓN DE ESTILOS........................... 25

INSERTAR UNA HOJA DE ESTILO 25
HOJAS DE ESTILOS EN UN ARCHIVO EXTERNO 28
CÓMO COMBINAR ESTILOS CONCURRENTES 28

ESTABLECER COLORES EN CSS 32

COMO EXPRESAR LOS COLORES 33
NOMBRES DE COLOR 35
FORMAS DE DEFINIR LOS COLORES 36

PROPIEDADES DE LOS ELEMENTOS BACKGROUND 37

PROPIEDADES DE LOS FONDOS (BACKGROUND): 38

UNIDADES DE MEDIDA 41

MEDICIÓN DE DISTANCIAS EN UNA PÁGINA HTML 42
DEFINICIÓN DE COLORES 42

PROPIEDADES DEL TEXTO 43

PROPIEDADES DEL TEXTO 43

CONTROLAR EL TIPO DE LETRA 46

PROPIEDADES 46

LOS BORDES 50

PROPIEDADES 50

CONTROLAR LOS BORDES DE LOS ELEMENTOS 55

PROPIEDADES 55

PROPIEDADES DE "PADDING" ... 57

CONTROLAR LAS DIMENSIONES DE LOS ELEMENTOS .. 60

PROPIEDADES DE LAS DIMENSIONES ... 60

POSICIONAMIENTO DE LOS ELEMENTOS ... 62

FORMATO DE LISTAS ... 64

PROPIEDADES ... 64

PROPIEDADES DE CLASIFICACIÓN ... 66

PROPIEDADES ... 66

PSEUDO-CLASES ... 68

SINTAXIS ... 68
PSEUDO-CLASES PARA ENLACES ... 69
LA PSEUDO-CLASE: FIRST-CHILD ... 70
LA PSEUDO-CLASE: LANG ... 72
LISTADO DE PSEUDO-CLASES ... 73

PSEUDO-ELEMENTOS ... 74

SINTAXIS ... 74
EL PSEUDO-ELEMENTO FIRST-LETTER ... 76
LOS PSEUDO-ELEMENTOS EN CLASES CSS ... 77
VARIOS PSEUDO-ELEMENTOS ... 78
LOS PSEUDO-ELEMENTOS :BEFORE Y :AFTER ... 78

LISTA DE LOS PSEUDO-ELEMENTOS 79

TIPOS DE SOPORTE 80

LA REGLA @MEDIA 80
TIPOS DE SOPORTE 82

MATERIAL DE REFERENCIA DE CSS 83

FONDOS (BACKGROUND) 83
BORDES (BORDER) 84
PROPIEDADES DE CLASIFICACIÓN 89
CONTROL DE LOS TAMAÑOS DE LOS ELEMENTOS 91
TIPOS DE LETRA 92
GENERAR CONTENIDOS 95
LISTAS Y MARCADORES 96
MÁRGENES 98
LÍNEAS DE CONTORNO.. 99
FORMATO DE TABLAS 103
FORMATO DE TEXTO 104

IMPRIMIR 105

PROPIEDADES 105

CSS 3 107

SELECTORES DE ATRIBUTOS 107
PSEUDO CLASES 109
ELEMENTO DE COMBINACIÓN 120
FUNCIONES PARA DEFINIR VALORES 120
PROPIEDAD HYPHENS 124

LA DIRECTIVA :: @ FONT-FACE 125
COLORES EN CSS3 128
EL EFECTO DE DESENFOQUE 131
COMBINACIÓN DE EFECTOS 132
TRANSICIONES 133
CONSTRUIR UNA PLANTILLA CON PROPIEDADES CSS3 136
EL PSEUDO-ELEMENTO ::SLOT () 140

CONCLUSIONES 146

REFERENCIA BIBLIOGRÁFICA 147

ACERCA DEL AUTOR 148

Notas del Autor

Esta publicación está destinada a proporcionar el material útil e informativo. Esta publicación no tiene la intención de conseguir que usted sea un maestro de las bases de datos, sino que consiga obtener un amplio conocimiento general de las bases de datos para que cuando tenga que tratar con estas, usted ya pueda conocer los conceptos y el funcionamiento de las mismas. No me hago responsable de los daños que puedan ocasionar el mal uso del código fuente y de la información que se muestra en este libro, siendo el único objetivo de este, la información y el estudio de las bases de datos en el ámbito informático. Antes de realizar ninguna prueba en un entorno real o de producción, realice las pertinentes pruebas en un entorno Beta o de prueba.

El autor y editor niegan específicamente toda responsabilidad por cualquier responsabilidad, pérdida, o riesgo, personal o de otra manera, en que se incurre como consecuencia, directa o indirectamente, del uso o aplicación de cualesquiera contenidos de este libro.

Todas y todos los nombres de productos mencionados en este libro son marcas comerciales de sus respectivos propietarios. Ninguno de estos propietarios ha patrocinado el presente libro.

Procure leer siempre toda la documentación proporcionada por los fabricantes de software usar sus propios códigos fuente. El autor y el editor no se hacen responsables de las reclamaciones realizadas por los fabricantes.

Dedicación

Este libro se lo dedico a mi marido y a mis dos hijos por la inspiración en mi trabajo y en las ganas de superarme día a día.

Introducción a CSS

CCS es el formato recomendado para las páginas escritas en formato HTML en base a los estándares de "Cascading Style Sheets" (hojas de estilo en cascada), publicado por el World Wide Web Consortium (W3C). El uso de este estándar Web nos ahorra tiempo, da consistencia y facilita en gran medida la escritura de páginas Web, en este libro vamos a aprender a utilizar las hojas de estilo en cascada (estilos CSS) para crear páginas Web más flexibles y ligeras, controlando su aspecto gráfico con mayor precisión y con mayor facilidad para la corrección de errores.

Primer contacto

Para comenzar haremos cosas muy simples y rápidas, comenzaremos a ver algunos ejemplos y haremos algunos ejercicios prácticos. Más adelante tendremos un capítulo en el que se analizará la situación que llevó a la W3C a crear este patrón y después de varios capítulos nos tomaremos este tema con más seriedad y haremos docenas de ejercicios prácticos.

La sintaxis de CSS

La sintaxis de las definiciones CSS consta de dos partes: un selector y una declaración. He aquí un ejemplo:

h1 {color: green}
h1 --> Selector
color: green --> Declaración

En este ejemplo, el selector h1 dice que el estilo se aplica a los elementos h1 y la definición dice que el color del texto de estos elementos debe ser de color verde ("green").

La declaración se encierra entre llaves ({...}) y puede contener varias definiciones. Cada definición consta de un par propiedad/valor, donde el valor de la propiedad está separado por el carácter (:). Puede verse de una manera más gráfica de la siguiente manera:

selector {propiedad: valor}

El siguiente ejemplo le permite probar de inmediato lo indicado:

<html>
<head>
<style type="text/css">
h1 {color: green}
</style>
</head>
<body>
<h1> Esta cabecera es de color verde. </h1>
</body>
</html>

El selector es normalmente el nombre de un elemento HTML pero también puede ser un selector de clase, un ID de selector o un selector de contexto (estos conceptos se aclararán más adelante).

Si el valor que queremos dar a la propiedad tiene más de una palabra la puede poner entre comillas, como se muestra a continuación:

```
<html>
<head>
<style type="text/css">
p {font-family: "Comic Sans MS"}
</style>
</head>
<body>
<p>
El texto de este párrafo tiene el tipo de letra "Comic Sans MS".
</p>
</body>
</html>
```

Dentro de llaves ({...}) puede poner múltiples definiciones separadas por el carácter ";" (punto y coma). El siguiente ejemplo define tres propiedades para el elemento <p>, que son la alineación, el color de texto y la fuente.

```
<html>
<head>
<style type="text/css">
p
{
text-align: center;
color: green;
font-family: arial
}
</style>
</ head>
<body>
<p>
```

El texto de este párrafo tiene el tipo de letra "Arial", es de color verde y se alinea en el centro.
</p>
</body>
</html>

Para hacer las definiciones más legibles hemos puesto cada una en una línea diferente pero también se podría haber escrito en una sola línea.

Selectores de grupo

Si tiene que aplicar estilos a más de un elemento puede agrupar los selectores que comparten las mismas definiciones. Para ello se escriben uno tras otro separados por una coma. En el siguiente ejemplo h1 y los elementos hasta h6 comparten la misma definición:

h1, h2, h3, h4, h5, h6
{
color: green
}

Selectores de clase

Los selectores de clase permiten establecer diferentes estilos que se pueden aplicar al mismo elemento. Imagine que usted necesita tener dos párrafos diferentes en el documento: uno alineado a la derecha y otro alineado al centro. Así es como los selectores de clase hacen que esta tarea sea muy fácil:

```
<html>
<head>
<style type="text/css">
p.derecha {Text-align: right}
p.centro {Text-align: center}
</style>
</head>
<body>
<p class = "derecha">
Este párrafo está alineado a la derecha.
</p>
<p class = "centro">
Este párrafo está alineado al centro.
</p>
</body>
</html>
```

Nota: El atributo de clase, al igual que cualquier otro atributo, sólo se puede especificar una vez en un elemento dado. El ejemplo siguiente es incorrecto:

```
<p class = "right" class = "center">
Este párrafo tiene un error causado por la utilización repetida del atributo de clase.
</p>
```

Los selectores de clase también se pueden definir sin poner el nombre de un elemento en el principio de la definición. Cuando esto sucede las definiciones se pueden aplicar a cualquier elemento cuyo atributo de clase tiene el valor. El ejemplo siguiente define una clase que se puede utilizar con cualquier elemento HTML:

```
<html>
```

```
<head>
<style type="text/css">
. centro {text-align: center}
</style>
</head>
<body>
<h2 class="centro">
Encabezado alineado al centro
</h2>
<p class = "centro">
Este párrafo también se alinea con el centro.
</p>
</body>
</html>
```

Selector de Identificación

El selector de ID es diferente del selector de clase porque se aplica a un solo elemento de la página. Las reglas HTML dictan que los valores del atributo ID no se pueden repetir en la misma página. De ello se desprende que el número de elementos de identidad en un determinado documento es uno o es cero.

```
<html>
<head>
<style type="text/css">
p # para1
{
text-align: center;
color: red
}
```

```html
</style>
</head>
<body>
<p id = "para1">
Este párrafo está alineado al centro y es de color rojo.
</p>
</body>
</html>
```

La selección de la regla para el estilo definida en el siguiente ejemplo indica que sólo se puede aplicar a un elemento <p> que tiene el valor "para 1" en el atributo ID:

Si trata de aplicar esta regla a un elemento <div> al que damos valor "para 1" al atributo de id vemos que el navegador no aplica los atributos:

```html
<html>
<head>
<style type="text/css">
p#para1
{
text-align: center;
color: red
}
</style>
</head>
<body>
<div id="para1">
Este elemento no está alineado con el centro y no tiene el color rojo, ya que no es un párrafo.
</div>
</body>
```

`</html>`

Si queremos que esta regla se aplique a cualquier elemento que tenga el id "para1" tenemos que ponerlo de la siguiente manera:

#para1
{
text-align: center;
color: red
}

La regla anterior se aplica a cualquier elemento que tenga el id correcto porque el selector * dice que se aplica a todos los elementos. En el siguiente ejemplo se aplica al elemento `<h1>`:

`<h1 id="para1">Me gusta la buena música</h1>`

Escribir comentarios en una hoja de estilo

Vamos a insertar comentarios en las definiciones CSS para explicar el código que hemos escrito así será más fácil de entender. Cuando más tarde vuelva a ver una hoja de estilo o si comparte la hoja de estilo con otra persona, será fácil ver cómo funciona.

Los comentarios serán ignorados por el navegador; para empezar un comentario escriba la cadena "/*" al inicio del texto del comentario y al final "*/" para terminar el comentario. El siguiente ejemplo muestra cómo hacerlo:

p
{
text-align: Center; / Este es un comentario */*
color: black; / MSIE 5 no reconoce los comentarios! */*

font-famiy: arial
}

La colocación de los elementos en CSS se basa en cajas

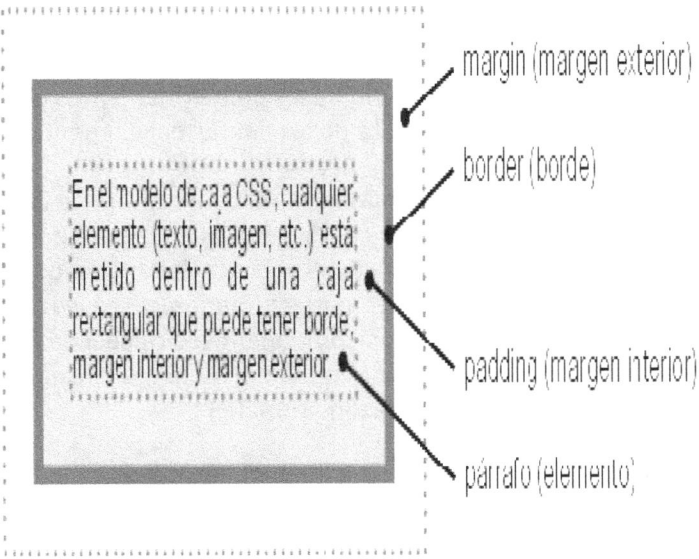

Los elementos que se pueden ver en una página Web ocupan un área determinada de la página. Esta zona tiene la forma de un rectángulo o cuadrado. La caja contiene un elemento de todo lo necesario: contenido, curvas de nivel, márgenes y el espacio en blanco. La siguiente figura muestra de forma genérica las distintas áreas que conforman la caja de un elemento.

Para darse cuenta de la importancia de esta tabla he aquí algunas aclaraciones:

1. El contenido del elemento está dentro de un rectángulo alrededor del cual hay otras áreas.
2. El contenido del elemento y su límite (border) pueden ser un espacio en blanco, lo que llamamos el relleno.
3. Los límites de los elementos se llaman border. Aquí es donde termina el elemento.
4. El rectángulo (caja) que contiene el elemento puede tener márgenes (margin) para separarlo de los demás elementos de la página. Los márgenes están fuera de los límites del elemento.

El ancho de un elemento está determinado únicamente a la anchura de su contenido. Dado que la anchura de la caja que contiene el elemento está dado por la suma de la anchura del contenido más el ancho ocupado por las líneas del margen (margin) y el espacio en blanco (padding). La altura de un componente se calcula de forma análoga. Los márgenes sirven para mover el rectángulo (caja) del elemento con relación a su posición normal.

Los elementos de bloque:

\<html\>
\<head\>
\<title\>\</title\>
\</head\>
\<body\>
\<h1\>Las cabeceras son elementos del bloque\</h1\> texto normal
\<p\>Los párrafos son elementos del bloque\</p\>
\<div\>Los elementos <div> y <table> también son elementos del bloque
\</div\>
\</body\>
\</html\>

Elementos "inline":

<html>
<head>
<title></title>
</head>
<body>
<p>
Los elementos <b> (bold),
<i><i> (itálico)</i>,
<strong> (texto fuerte),
<code><code> (código de computador)</code>
son ejemplos de elementos "inline".
</p>
</body>
</html>

Posicionamiento absoluto y posicionamiento relativo

El posicionamiento nos indica el orden de colocación de los elementos en una página HTML que, por lo general, consiste en diseñarlos a medida que surgen. Este método se llama posicionamiento relativo.

Todas las hojas de estilo CSS introdujeron un nuevo aspecto: los elementos de bloque se pueden colocar en cualquier lugar de la página y pueden solaparse entre sí. Este método se llama posicionamiento absoluto, ya que nos permite indicar la ubicación exacta en la página donde se desea que el elemento se pueda poner. Si ese lugar ya está ocupado por otro elemento no hay ningún problema ya que los estilos CSS permiten la superposición de elementos. Es como si la página fuera una mesa sobre la que podemos poner encima otros elementos.

Ejemplo de aplicación:

<html>
<head>
<title></title>
</head>
<body>
<p>
Este párrafo está en la posición normal (relativa.)
</p>
<p style="position: absolute; top: 10px; left: 30px">
Este párrafo está en una posición absoluta.
</p>
<p style="position: relative">
Este párrafo también está en una posición relativa.
</p>
</body>
</html>

Formato con las hojas de estilos

Ventajas de usar CSS

Los estilos CSS fueron añadidos por el W3C en HTML 4 para resolver los graves problemas que afectaban a la calidad de las páginas escritas en HTML y obstaculizaban su mantenimiento.

La utilización de hojas de estilo externas, ahorran tiempo, aportan flexibilidad y aumentan la coherencia de las páginas que componen un sitio Web.

Cuando guardamos los estilos en un archivo externo y los aplicamos a todas las páginas de nuestro site, la modificación de diversas cualidades del aspecto gráfico se convierte en una tarea muy sencilla.

Las páginas que utilizan estilos CSS, además de ser más fáciles de escribir, también son más ligeras y aparecen rápidamente en el navegador.

Ganar ganar tiempo y flexibilidad

Los estilos CSS definen el aspecto gráfico de los elementos HTML. Los estilos pueden ser definidos en una hoja de estilos externa o internamente en el propio documento HTML. Cuando se define en un archivo externo, los estilos pueden ser compartidos por muchas páginas, lo que le permite cambiar instantáneamente la apariencia visual de todas las páginas modificando sólo el archivo en el que se definen los estilos. Antes, cuando usábamos las técnicas antiguas para realizar modificaciones en el aspecto gráfico de un sitio Web, nos veíamos obligados a cambiar todos los elementos <font> y todas las tablas utilizadas en las páginas con el mismo formato. Esto tenía que hacerse en cada página. Al utilizar los estilos CSS, con cambiar algunas definiciones en una sola hoja de estilos podemos actualizar al instante cientos o miles de páginas con el mínimo esfuerzo. Los errores se producen con mucha menor frecuencia y son mucho más fáciles de solucionar.

La facilidad con la que se pueden hacer cambios da mayor flexibilidad a la página Web y mejora su rendimiento. A la vez las páginas son más ricas y más ligeras.

El mecanismo de Cascada

Los estilos CSS nos dan mucha libertad a la hora de definir los estilos. En el mismo documento se puede utilizar uno o más archivos externos, definir los estilos en la sección head del documento o utilizar el atributo de estilo de los elementos HTML. El navegador lee las definiciones de todos los estilos y cuando aparecen estilos repetidos los combina en un solo estilo siguiendo algunas reglas simples.

Una de las reglas dice que al encontrar varias versiones para un mismo estilo el navegador almacena el último encontrado. Otra regla dice que algunos estilos son heredados por elementos que se encuentran dentro de otros elementos.

Las etiquetas que definen los elementos de HTML fueron diseñadas para definir el contenido. El programador de HTML nunca tuvo la intención de utilizar este lenguaje para definir los estilos gráficos de las páginas. Los elementos HTML se diseñaron para declarar cosas como "Esto es un párrafo" o "Esto es una cabecera", poniendo las etiquetas <h1> o <p> alrededor del texto. La forma en la que esta información debía ser presentada gráficamente era un problema que el explorador tenía que resolver teniendo en cuenta el significado de cada elemento. Este concepto perfectamente racional era muy apropiado al propósito de las páginas que estaban escribiendo y compartiendo textos en la Web pero la rápida aceptación de la Web ha hecho que las personas que se usan este medio le den importancia al diseño. El interés de las personas dio lugar a que se hicieran esfuerzos para crear páginas con muchos gráficos más al gusto de los diseñadores.

Uno de los efectos más importantes de estos esfuerzos fue una tergiversación completa de los efectos de muchos elementos. El elemento <table>, por ejemplo, está diseñado sólo para mostrar tablas de datos numéricos pero los diseñadores comenzaron a utilizarlo para colocar los elementos en varias partes de las páginas sobre diseños cada vez más complejos.

Pero esto no era suficiente porque había cosas que no se podían hacer utilizando sólo la información disponible. Para dar a los diseñadores lo que estaban pidiendo, a los creadores de navegadores les pareció una buena idea inventar sus propias etiquetas y agregar atributos estilísticos a los ya existentes. Estas extensiones permiten usar HTML para proporcionar diferentes colores y estilos al texto y aplicar otro formato.

Las iniciativas de los creadores de estas nuevas etiquetas y atributos ignoraron por completo la filosofía en la que se basó el creador de HTML, Tim Berners Lee, para desarrollar el lenguaje. Las nuevas etiquetas (como <font>) dieron más importancia a la apariencia gráfica que producían que al significado de lo que contenían.

A pesar de todas las contraindicaciones, la creación y propagación rápida de las etiquetas dio lugar a una situación en la que el contenido de las páginas se mezcló con los aspectos estilísticos. Esto llevó a que, al final de la década de 1990, el código HTML estaba en un estado en que era muy difícil crear y mantener un diseño para más de unos pocos sitios Web. El contenido de las páginas no eran más que unas enormes "sopas de etiquetas" mal organizadas cuyo significado no estaba nada claro.

Este problema comenzó a ser resuelto por el World Wide Web Consortium (W3C) con la creación de los estándares HTML 4, CSS, XML y XHTML. El HTML debe ser usado en conjunto con los estilos CSS y el contenido se expresa en HTML con los estilos de CSS.

Este nuevo modelo para la creación de páginas era bien soportado por todos los navegadores dominantes: Mozilla, Microsoft Internet Explorer 5 y superiores y Opera 7. Esta realidad hace que nadie tenga excusa para escribir mal código HTML.

Problemas con los navegadores

A pesar de que los navegadores actuales (Netscape 7/Mozilla, MSIE 5 y superior, Opera 7) proporcionan un buen apoyo para los estilos CSS, es necesario llamar la atención sobre el hecho de que todavía hay algunos problemas cuando aplicamos las técnicas avanzadas de formato basado en CSS.

Los problemas más graves son causados por MSIE, que contiene errores que le dan algunas conductas que se desvían de los estándares CSS. El error más grave es el que resulta de la implementación errónea del modelo de dimensionamiento de los elementos. Este error es muy conocido y casi siempre se puede superar con el uso de trucos que no comprometan el funcionamiento de las páginas en otros navegadores.

Además de este error y otros errores menores siempre deben prestar atención al hecho de que las implementaciones de estándares CSS están generalmente incompletas. Esto significa que no podemos contar con algunas propiedades. A pesar de esto podemos estar seguros de que las propiedades con las que podemos contar son suficientes para no querer estar sin ellas.

Las limitaciones asociadas con el apoyo que ofrecen los navegadores actuales deben estar siempre presentes en la mente del creador de páginas basadas en CSS. Si utiliza sólo las características que están bien soportados, muchas ya lo están, no va a tener que tomar muchas precauciones. Si ha decidido utilizar las funciones más avanzadas definidas por estándares CSS recuerde que tenemos que probar todo de manera exhaustiva en todos los navegadores importantes para no tener sorpresas desagradables.

Escritura y combinación de estilos

Cuando el navegador encuentra una hoja de estilos en un documento él la utiliza para dar formato a los elementos de este documento. Hay tres formas diferentes de definir estilos e insertarlos en un documento.

Insertar una hoja de estilo

Una hoja de estilo interna se debe utilizar cuando se utilizan los estilos una sola vez. En este caso, las definiciones se hacen dentro de un <style> que debe ser colocado en el interior del <head> de la página HTML de esta manera:

<head>
<style type = "text / css">

```
hr {color: blue}
p {margin-left: 20px}
body {background-image: url ("images/fondo.gif")}
</style>
</head>
```

El navegador lee las definiciones contenidas en <style> y hace el formato de los elementos de la página mediante la aplicación de esas definiciones.

Nota: El comportamiento normal de los navegadores es ignorar los elementos cuyo significado desconocen. Esto significa que un explorador muy antiguo que no admite estilos CSS ignorará el <style> pero no ignorará el texto que se escribe en el interior. Si es necesario evitar que el navegador escriba el texto de las definiciones debemos ocultarlo poniéndolo dentro de un comentario HTML, como se muestra a continuación:

```
<head>
<style type = "text / css">
<!--
hr {color: blue}
p     {margin-left: 20px}
body  {background-image: url ("fondo.jpg")}
->
</style>
</head>
```

Definición de estilos con el atributo de estilo

La definición de estilos utilizando el atributo style nos hace perder muchas de las ventajas de las hojas de estilo mediante la mezcla de estilos, ya que termina con el contenido. Esta forma de definir estilos deben utilizarse con moderación y sólo cuando tenemos que aplicar un estilo una sola vez a un solo elemento.

El atributo de estilo acepta casi todas las propiedades CSS. El siguiente ejemplo muestra cómo se puede controlar el color y el margen izquierdo de un párrafo:

```
<p style = "color: blue; margin-left: 20px"> Este es un párrafo
</p>
<html>
<body>
<p style="color: blue; margin-left: 20px">
Este es un párrafo formateado con el atributo de estilo.
</p>
</body>
</html>
```

Si tenemos que dar a una propiedad un valor que contiene espacios debe encerrarlo entre comillas simples. El siguiente ejemplo hace esto para dar la fuente "sans serif" a un párrafo y "Comic Sans MS" a otro:

```
<html>
<body>
<p style="font-family:'sans-serif'">
En este apartado, el tipo de letra es "sans-serif"
</p>
<p style="font-family:'comic sans ms'">
En este apartado, el tipo de letra es "Comic Sans MS"
</p> </body>
</html>
```

Hojas de estilos en un archivo externo

Una hoja de estilos externa es la mejor opción cuando los mismos estilos se aplican a varias páginas. Con una hoja de estilos externa puede cambiar el aspecto gráfico de muchas páginas con sólo cambiar el archivo en el que se definen los estilos. Cada página contiene un elemento <link> que lo une a la hoja de estilos. El <link> se debe colocar en el interior del <head> en páginas HTML:

<head>
<link rel = "stylesheet" type= "text/css" href = "estilos.css">
</head>

El navegador lee las definiciones contenidas en la hoja de estilo (estilos.css) y hace el formato de los elementos del documento mediante la aplicación de esas definiciones.

La hoja de estilos externa es simplemente un archivo de texto que contiene las definiciones de estilo CSS. En su contenido no pueden aparecer elementos HTML, sólo se permiten definiciones CSS válidas.

Cómo combinar estilos concurrentes

Un documento HTML puede definir o usar más de una hoja de estilos. Cuando esto ocurre, es posible que algunas propiedades se definan en una hoja y se configuren nuevamente en otra. En estos casos, el navegador debe aplicar reglas para decidir cuál de las definiciones es más importante.

El orden de cascada

Cuando un estilo se define más de una vez ¿Cuál de las definiciones debe elegir el explorador? ¿La primera? ¿La última? ¿Ninguna de ellas? Para decidirlo el navegador aplica las reglas siguientes (enumeradas en orden creciente de importancia):

- Estilos definidos por omisión (se aplican cuando no hay otra superposición de ellos)
- Estilos definidos en una hoja de estilo interna (dentro de <style>) o en un archivo externo
- Estilos "in-line" (definido por el atributo style en los elementos del documento HTML). Así, tenemos que los estilos que se definen en el propio elemento con el atributo style tienen la máxima prioridad. Las definiciones realizadas por el atributo style se superponen a cualquier definición que se ha hecho antes.

Vamos a analizar otro ejemplo.

Supongamos que una hoja de estilos externa define las siguientes propiedades para el selector h3:

h3
{

color: red;

text-align: left;
font-size: 8 pt
}

Pero existe otra hoja de estilo interna con las siguientes propiedades también para el selector h3:

```
h3
{
text-align: right;
font-size: 20pt
}
```

Si la página que contiene la hoja de estilos interna utiliza el elemento <link> para conectarse a la hoja de estilos externa indicada anteriormente, entonces, las dos definiciones se combinan para producir la siguiente versión final para el selector h3:

```
h3
{
color: red;
text-align: right;
font-size: 20pt
}
```

El color fue heredado de la hoja exterior pero la alineación del texto y el tamaño de la fuente fueron reemplazados por las definiciones realizadas en la hoja interna.

Herencia de estilos entre elementos

Algunas propiedades CSS para un elemento definido pasan automáticamente a ser aplicadas a los descendientes de ese elemento. Cuando esto ocurre se dice que las propiedades se heredan. El siguiente ejemplo muestra cómo funciona este mecanismo de "herencia" de estilos:

```html
<html>
<head>
<style type="text/css">
div {color: blue}
</style>
</head>
<body>
<div>
El texto de los elementos <div> es de color azul.
<p>
Este párrafo se encuentra dentro de un elemento <div>.
Hereda el color azul.
</p>
</div>
<p>
Este párrafo no esta dentro de un elemento que le deje
una "herencia".
</p>
</body>
</html>
```

En el ejemplo que acabamos de ver, la hoja de estilo dice que el texto de los elementos <div> debe ser azul. El párrafo que está en el interior de un elemento <div> hereda el color azul debido a que la propiedad de color es heredada por los descendientes de un elemento. El segundo párrafo no está dentro de un elemento que le deje "herencia" (que en este caso es la propiedad de color) por lo que su texto tiene el color normal.

Otras propiedades sólo afectan al elemento al que se aplican y no se propagan a su descendencia. Se dice que estas propiedades no se heredan. El siguiente ejemplo es similar al anterior pero ahora la propiedad de color se unió a la propiedad border, que no es heredada:

```
<html>
<head>
<style type="text/css">
div
{color: blue;
  border: solid thin red
}
</style>
</head>
<body>
 <div>
Los elementos <div> reciben una línea de contorno
roja(border) y el texto es de color azul.
<p>
Este párrafo se encuentra dentro de un elemento <div>.
Hereda el color azul pero no hereda la línea de contorno (border).
</p>
<div>
Como el elemento principal <div>
Este otro elemento <div> tiene su propia línea de contorno.
</div>
</div>
</body>
</html>
```

Establecer colores en CSS

Podemos obtener cualquier color de nuestra elección combinando los tres colores primarios: rojo (red), verde (green) y azul (blue) en las proporciones correctas.

Como expresar los colores

En CSS la forma recomendada para expresar color es la basada en la notación hexadecimal. De esta manera, los colores se expresan utilizando tres números hexadecimales que definen las cantidades de rojo, verde y azul que entran en la composición de un color en particular. El valor más bajo de un color determinado es 0 (# 00 en la notación hexadecimal usada en CSS) y el valor más alto es 255 (# FF en notación hexadecimal). Por lo tanto, el color negro que tiene 0 rojo, 0 verde y 0 azul se escribe # 000000, mientras que el blanco que tiene 255 rojo, 255 verde y 255 azul se escribe # FFFFFF. El amarillo fuerte tiene 255 rojo, 255 verde y 0 azul, por lo que se escribe # FFFF00.

La siguiente tabla muestra los resultados de varias combinaciones de colores:

Color	Forma Hexadecimal	Forma RGB (Decimal)
	# 000000	rgb (0, 0,0)
	# FF0000	rgb (255, 0,0)

	# 00FF00	rgb (0, 255,0)
	# 0000FF	rgb (0, 0,255)
	# FFFF00	rgb (255, 255.0)
	# 00FFFF	rgb (0, 255,255)
	# FF00FF	rgb (255, 0,255)
	# C0C0C0	rgb (192, 192.192)
	# FFFFFF	rgb (255, 255,255)

El siguiente ejemplo muestra tres maneras diferentes de escribir texto de color rojo.

```
<html>
<body>
<p style="color: rgb(255, 0, 0)">
Este párrafo tiene color rgb (255, 0, 0)
</p>
<p style="color: #FF0000">
Este párrafo tiene color # FF0000
</p>
<p style="color: red">
```

Este apartado tiene el color "Red"
</p>
<p style="color: #0000FF">
Este apartado tiene el color # 0000FF
</p>
</body>
</html>

Nombres de color

La siguiente tabla muestra los 16 colores cuyos nombres fueron definidos oficialmente por W3C. Todos los navegadores reconocen estos nombres para que pueda usarlos sin ningún problema:
Colores con nombres atribuidos oficialmente:

Aqua (#00FFFF)	Black (#000000)	Blue (#0000FF)	Fuchsia (#FF00FF)
Green (#008000)	Gray (#808080)	Lime (#00FF00)	Maroon (#800000)
Navy (#000080)	Olive (#808000)	Purple (#800080)	Red (#FF0000)
Silver (#C0C0C0)	Teal (#008080)	White (#FFFFFF)	Yellow (#FFFF00)

Además de estos nombres de colores hay muchos otros que no están definidos por los estándares del W3C pero son reconocidos por los navegadores.

Formas de definir los colores

Acabamos de ver que podemos definir un color en una hoja de estilos de tres formas:

1) indicando su nombre, por ejemplo "Aqua", 2) por su forma rgb, por ejemplo rgb (0, 255, 255) para el color "Aqua", 3) indicando su forma hexadecimal, por ejemplo # 00FFFF para el color "Aqua".

Además de estas tres maneras podemos utilizar otra forma rgb basada en porcentajes del valor máximo de cada color. Esta forma es menos recomendable que las otras pero puede ser útil en algunas situaciones. La siguiente tabla presenta una lista de todas las formas que podemos utilizar.

Forma	Descripción
color_name	El nombre del color (por ejemplo, red o blue)
rgb (rojo, verde, azul)	Un valor RGB para el color (por ejemplo, rgb (255,0,0) es el de color rojo)
rgb (rojo%, verde%, azul%)	Un valor RGB dado como un porcentaje del valor máximo de color (por ejemplo, rgb (100%, 0%, 0%) es el color rojo)

| # RRGGBB | Un número hexadecimal (por ejemplo # FF0000 para el color rojo). |

Cuidados que debemos tener al utilizar colores

Actualmente casi todos los monitores de ordenador están preparados para proporcionar más de 16 millones de colores diferentes. Sin embargo, hay que tener en cuenta que hay más y más dispositivos móviles con pantalla a color (teléfonos móviles y PDAs) que suelen tener paletas relativamente pequeñas. Algunos sólo pueden mostrar 256 colores, otros 4096 y otros 65536. Es poco probable que un aparato de pequeñas dimensiones y bajo consumo de energía consiga ir más allá de esto.

Si desea crear páginas que se visualicen correctamente en estos dispositivos debe tener cierto cuidado al elegir los colores que utiliza en sus páginas. Una buena manera de lograr resultados aceptables es utilizar únicamente los colores para Web en sus páginas.

Propiedades de los elementos background

Las propiedades de los fondos de los elementos definen los colores de fondo e imágenes de fondo para los elementos HTML. Estas propiedades nos permiten controlar los colores y las imágenes de fondo de los elementos (posición, repetición, etc.)

Propiedades de los fondos (background):

Propiedad	Descripción	Valores	W3C
background	Nos ofrece una manera corta para escribir todas las propiedades de fondo en una declaración.	background-color background-image background-repeat background-attachment background-position	CSS1
background-attachment	Indica si la imagen de fondo debe permanecer inmóvil en la ventana del navegador o acompañará el contenido cuando haya movimiento (desplazamiento).	scroll fixed	CSS1
background-color	Establece el color de fondo de un elemento.	color-rgb color-hex color-name transparent	CSS1

background-image	Establece una imagen de fondo para su uso en el elemento	url none	CSS1
background-position	Define la ubicación donde se comienza a dibujar la imagen de fondo.	top left top center top right center left center center center right bottom left bottom center bottom right x-% y-% x-pos y-pos	CSS1
background-repeat	Establece si la imagen de fondo debería ser repetida (formando un mosaico) o no, y las direcciones de la repetición.	repeat repeat-x repeat-y no-repeat	CSS1

Ejemplos de aplicación.

Definir el color de fondo:

```
<html>
<head>
<style type= "text / css">
body {background-color: yellow}
h1 {background-color: # 00FF00}     h2 {background-color: transparent}
p {background-color: rgb (250,0,255)}
</style>
<title> </title>
</head>
 <body>
<h1> Se trata de un título de nivel 1 </h1>
<h2> Se trata de un título de nivel 2 </h2>
<p> Este es un párrafo </p>
</body>
</html>
```

Una única declaración para definir todas las propiedades del fondo:

```
<html>
<head>
<style type= "text / css">
body
{
        background: # 00ffff url ("imagenfondo.jpg") no-repeat fixed center center
}
</style>
<title> </title>
  </head>
<body>
```

```html
<p> La página de texto </p><br /> <br/>
<p> La página de texto </p><br /> <br/>
<p> La página de texto </p><br /> <br/>
<p> La página de texto </p><br /> <br/>
<p> La página de texto </p><br /> <br/>
<p> La página de texto </p><br /> <br/>
  </body>
  </html>
```

Repetir la imagen de fondo (background) verticalmente:

```html
<html>
  <head>
<style type= "text / css"> body
    {
background-image: url ("imagen.jpg"); background-repeat: repeat-y
    }
</style>
<title> </title>
  </head>
<body>
<p> La página de texto </p><br /> <br/>
<p> La página de texto </p><br /> <br/>
<p> La página de texto </p><br /> <br/>
<p> La página de texto </p><br /> <br/>
  </body>
</html>
```

Unidades de medida

Medición de distancias en una página HTML

El valor de longitud se escribe como un número seguido de una abreviatura que indica las unidades de medida. No podemos poner espacios entre el número y las unidades (por ejemplo no es correcto 2 cm pero sí lo es 2cm). Cuando la longitud es 0 (cero) no es necesario indicar las unidades.

En la siguiente tabla se describen las unidades de medida que podemos utilizar en CSS.

Unidad	Descripción
%	porcentaje de un valor
In	pulgadas (inch)
cm	centímetros
mm	milímetros
em	1 em es igual al tamaño del tipo de letra que se esta utilizando
ex	1 ex es igual a la altura de la letra "x" en el tipo de letra que se utiliza (alrededor de la mitad del valor de la propiedad font-size).
pt	puntos (1 pt es lo mismo que 1/72 pulgadas)
pc	picas (1 pc es el mismo que el de 12 puntos)
px	pixels (1 px es un punto en la pantalla del ordenador)

Definición de colores

Esta tabla simplemente resume lo que hemos visto anteriormente:

Forma	Descripción
color_name	El nombre del color (por ejemplo, red o blue)
rgb (x, x, x)	Un valor RGB para el color (por ejemplo, rgb (255,0,0) es el color rojo)
rgb(y%,y%,y%)	Un valor RGB dado como un porcentaje del valor máximo de color (por ejemplo rgb (100%,0%,%0) es el color rojo)
# RRGGBB	Un número hexadecimal (ejemplo # ff0000 es el color rojo).

Propiedades del texto

Las propiedades de texto definen el aspecto visual que se dará al texto. Estas propiedades nos permiten controlar los colores, aumentar o disminuir el espacio entre caracteres, alinear el texto, elige la fuente, decorar, etc.

Propiedades del texto

Propiedad	Descripción	Valores	W3C
color	Establece el color del texto.	color	CSS1

direction	Define la dirección de escritura del texto.	ltr rtl	CSS2
letter-spacing	Aumenta o disminuye el espacio entre caracteres.	normal length	CSS1
text-align	Alinea un texto dentro de un elemento.	left right center justify	CSS1
text-decoration	Añade elementos decorativos al texto.	none underline overline line-throught blik	CSS1
text-indent	Desplaza hacia la derecha o hacia la izquierda la primera letra de la primera línea de texto.	length %	CSS1
text-transform	Controla las letras de un elemento.	none capitalize uppercase lowercase	CSS1
unicode-bidi		normal embed bidi-override	CSS2
white-space	Define cómo se trata el espacio en blanco dentro de un elemento.	normal nowrap pre	CSS1

| word-spacing | Aumenta o disminuye el espacio entre palabras. | normal length | CSS1 |

Ejemplos de aplicación.

Ajuste del color del texto:

```
<html>
<head>
<style type= "text / css">
h1 {color: # 00FF00}
h2 {color: # dda0dd}
p {color: rgb (0,0,255)}
</style>
<title> </ title>
</head>

<body>
<h1> Cabecera nivel 1 </h1>
<h2> Cabecera nivel 2 </h2>
<p> La página de texto </p><br /> <br/>
<p> La página de texto </p><br /> <br/>
<p> La página de texto </p><br /> <br/>
<p> La página de texto </p><br /> <br/>
</body>
</html>
```

Alineamiento del texto:

```
<html>
```

```
<head>
    <style type= "text / css">
        h1 {text-align: center}
        h2 {text-align: left}
h3 {text-align: right}
    </style>
    <title> </ title>
</head>
<body>
    <h1> Cabecera Nivel 1 </h1>

<h2> Cabecera Nivel 2 </h2>

<h3> Cabecera Nivel 3 </h3>
</body>
    </html>
```

Controlar el tipo de letra

Propiedades

Las propiedades del tipo de fuente definen aspectos estilísticos de los tipos de letra con que se escribe el texto. Ellas nos permiten elegir entre varios conjuntos de caracteres que dibujan las letras de forma diferente, controlar los tamaños, ajustar sus formas, etc.

Nota Importante: Las fuentes se identifican por nombres. Cuando usted le pide al navegador que use un tipo de letra que él no reconoce él usará otra en su lugar.

Propiedad	Descripción	Valores	W3C
font	Acepta los valores que pueden ser datos a las restantes propiedades que se encuentran en las columnas de esta tabla. Nos da una forma abreviada de definir en una única declaración todas las propiedades relacionadas con el tipo de letra.	icon menu message-box small-caption status-bar	CSS1
font-family	La propiedad font-family consiste en una lista de fuentes a las que el navegador puede optar para escribir los textos. La lista está ordenada de forma prioritaria: la primera opción aparece primero, luego viene la segunda opción y así sucesivamente. El navegador elige el primer tipo que es capaz de utilizar. Los nombres de las fuentes pueden ser nombres familiares o	family-name generic-family	CSS1

font-size	nombres genéricos. Ajusta el tamaño de un tipo de letra.	xx-small x-small small medium large x-large xx-large smaller larger lenght %	CSS1
font-size-adjust	Si el tipo de letra (fuente) elegido no está disponible, el navegador se ve obligado a utilizar otro tipo diferente. La propiedad font-size-adjust especifica el "aspect value" de la fuente elegida para que el navegador pueda sustituirla por otro tipo que sea accesible preservando la altura de la letra "x" y manteniendo la legibilidad del texto.	none número	CSS2
font-stretch	La propiedad font-stretch provoca una expansión o contracción horizontal	normal wider reducir ancho	CSS2

	en el tamaño de la fuente.	carácter ultra-condensed extra-condensed condensed semi-condensed semi-expanded expanded extra-expanded ulttra-expanded	
font-style	Establece el estilo de fuente que desea utilizar.	normal italic oblique	CSS1
font-variant	Escribe el texto mediante una fuente "small-caps" o de tipo normal.	normal small-caps	CSS1
font-weight	Establece el grosor del trazo con el que están diseñadas las letras.	normal bold bolder lighter 100 200 300 400 500 600 700	CSS1

| | | 800 900 | |

Los bordes

Propiedades

Como hemos visto antes, el límite de un elemento se llama "border". Alrededor del límite podemos dibujar líneas de contorno. El estándar CSS nos permite especificar el estilo, el color y el grosor de las líneas que delimitan un elemento HTML. Antes de CSS para poder dibujar líneas alrededor de un elemento teníamos que ponerlos dentro de una tabla y dibujar líneas usando los elementos de la tabla.

Propiedad	Descripción	Valores	W3C
border	Ofrece una forma abreviada para escribir en una única declaración todos los parámetros de las líneas de contorno. Acepta los valores que se pueden dar a las propiedades que figuran listadas a la derecha.	border-width border-color border-style	CSS1
border-bottom	Ofrece una forma abreviada para	border-bottom-width	CSS1

		escribir en una única declaración todas las propiedades de la línea límite de la parte inferior. Acepta los valores que se pueden dar a las propiedades que figuran listadas a la derecha.	border-style border-color	
border-bottom-color		Establece el color de la línea de contorno inferior.	border-color	CSS2
border-bottom-style		Establece el estilo de la línea de borde inferior.	border-style	CSS2
border-bottom-width		Define el grosor de la línea inferior.	thin medium thick lenght	CSS1
border-color		Establece los colores de las cuatro líneas de contorno. Acepta de uno a cuatro valores.	color	CSS1
border-left		Ofrece una forma abreviada para escribir todas las propiedades de la línea del lado izquierdo en una	border-left-width border-color border-style	CSS1

		sola sentencia. Acepta los valores que se pueden dar a las propiedades que figuran a la derecha.		
border-left-color	Establece el color de la línea de borde izquierdo.	border-color		CSS2
border-left-style	Establece el estilo de la línea de borde izquierdo.	border-style		CSS2
border-left-width	Define el grosor de la línea de borde izquierdo.	thin medium thick lenght		CSS1
			lenght	

border-right	Ofrece una forma abreviada de escribir todas las propiedades de la línea de contorno en el lado derecho en una sola declaración. Acepta los valores que se pueden dar a las propiedades que figuran a la	border-right-width border-color border-style	CSS1

	derecha.		
border-right-color	Establece el color de la línea de borde a la derecha.	border-color	CSS2
border-right-style	Establece el estilo de la línea de la derecha.	border-style	CSS2
border-right-width	Define el grosor de la línea de la derecha	thin medium thick lenght	CSS1
border-style	La propiedad border-style establece el estilo de las cuatro líneas de contorno. Acepta de uno a cuatro valores.	none hidden dotted dashed solid double groove ridge inset outset	CSS1
border-top	Nos ofrece una manera abreviada de escribir todas las propiedades de la línea de contorno de la parte superior en una sola declaración. Acepta los valores que se pueden dar a las propiedades que figuran a la derecha.	border-top-width border-color border-style	CSS1
border-top color	Establece el color de la línea superior.	border-color	CSS2

border-top-style	Establece el estilo de la línea superior.	border-style	CSS2
border-top-width	Define el grosor de la línea superior.	thin medium thick lenght	CSS1
border-width	Ofrece una forma abreviado para definir los grosores de todas las líneas de contorno. Acepta de uno a cuatro valores.	thin medium thick lenght	CSS1

Ejemplos de aplicación.

Definir el estilo de las cuatro líneas de borde:

<html>
 <head>
<style type= "text / css">
p.dotted {border-style: dotted}
p.dashed {border-style: dashed}
p.solid {border-style: solid}
p.double {border-style: double}
p.groove {border-style:groove}
p.ridge {border-style: ridge}
p.inset {border-style: inset}
p.outset {border-style: outset}
</style>
 <title> </title>
</head>
<body>

```html
<p> MSIE 5.5 y superior soporta todos los estilos de borde ("border-style") pero MSIE 5.0 no soporta los estilos "dotted" y "dashed".
</p>
<p class = "dotted"> Un borde compuesto de puntos </p>
<p class = "dashed"> Un borde compuesto por trazos </p>
<p class = "solid"> Un borde compuesto por un trazo continuo </p>
<p class = "double"> Un borde de línea doble </p>
<p class = "groove"> Un borde con "relieve" </p>
<p class = "ridge"> Otro borde con "relieve" </p>
<p class = "inset"> Un borde con un efecto especial </p>
<p class = "outset"> Otro borde con un efecto especial </p>
   </body>
  </html>
```

Controlar los bordes de los elementos

Propiedades

Los márgenes de un elemento están constituidos por el espacio en blanco que está a su alrededor y que lo separa de los elementos adyacentes. Si el valor de un margen es positivo el elemento se aleja de otro adyacente a él pero si es negativo se acerca a los otros elementos.

Esto significa que podemos utilizar los márgenes para acercar o alejar el contenido de dos o más elementos e incluso superponerlos. Los cuatro márgenes se pueden controlar todos a la vez o por separado.

Propiedad	Descripción	Valores	W3C
margin	La propiedad margin nos ofrece una forma abreviada de definir en una única declaración todas las propiedades de los cuatro bordes de un elemento.	margin-top margin-right margin-bottom margin-left	CSS1
margin-bottom	Establece el margen inferior del elemento.	auto length %	CSS1
margin-left	Establece el margen izquierdo del elemento.	auto length %	CSS1
margin-right	Establece el margen derecho del elemento.	auto length %	CSS1
margin-top	Establece el margen superior del elemento.	auto length %	CSS1

Ejemplos de aplicación.

Definir el margen izquierdo para un texto:

```
<html>
<head>
  <style type= "text / css">
p.margin {margin-left: 2cm}
</style>
<title> </ title>
</head>
<body>
 <p> Este párrafo contiene texto sin formato con los estilos CSS.</p>
 <p class = "margin"> En este apartado hemos utilizado los estilos CSS para hacer margen izquierdo un poco más amplio.</p>
 </body>
 </html>
```

Propiedades de "padding"

Las propiedades de relleno controlan el espacio en blanco que separa los contenidos de un elemento de sus límites ("border"). Está prohibido el uso de valores negativos para estas propiedades porque eso pondría los contenidos fuera del elemento, lo cual no tiene sentido. Los cuatro lados se pueden controlar todos a la vez o por separado.

Propiedades que controlan el espacio entre el contenido y los límites:

Propiedad	Descripción	Valores	W3C
padding	Esta propiedad nos	padding-top padding-right	CSS1

	ofrece una forma abreviada de definir en una única declaración todos los aspectos de las separaciones entre el contenido de un elemento y sus límites.	padding-bottom padding-left	
padding-bottom	Define el espacio que separa el contenido de un elemento de su límite inferior.	length %	CSS1
padding-left	Define el espacio que separa el contenido de un elemento de su límite izquierdo.	length %	CSS1
padding-right	Define el espacio que separa el contenido de un elemento de su límite	length %	CSS1

padding-top	derecho. Define el espacio que separa el contenido de un elemento de su límite superior.	length %	CSS1

Una única declaración para definir todas las propiedades relativas al espacio en blanco dentro de un elemento:

```
<html>
<head>
<style type= "text / css">
 td {padding: 42px}
td.stl2 {padding: 22px 52px}
</style>
<title> </title>
</head>
<body>
<table border = "1">
   <tbody>
<table border = "1">
   <tr>
<td>En esta celda de la tabla hay una separación de 42px entre el contenido y los límites.  </td>
  </tr>
  </table>
  <br />
  <table border = "1">
    <tr>
```

```
<td class = "stl2">
En esta celda de la tabla hay una separación de 22px entre el
contenido y los límites superior e inferior. Entre el contenido y los
límites izquierdo y derecho la separación es de 52px.
    </td>
   </tr>
  </table>
 </body>
</html>
```

Controlar las dimensiones de los elementos

Las propiedades relacionadas con las dimensiones se utilizan para controlar la altura y la anchura de los elementos y el espacio entre líneas de texto.

Propiedades de las dimensiones

Propiedad	Descripción	Valores	W3C
height	Establece la altura de un elemento.	auto length %	CSS1
line-height	Establece la distancia entre las líneas.	normal número lenght %	CSS1
max-height	Establece la altura máxima de	none length	CSS2

	un elemento.	%	
max-width	Establece el ancho máximo de elemento.	none length %	CSS2
min-height	Define la altura mínima de un elemento.	length %	CSS2
min-width	Establece el ancho mínimo de elemento.	length %	CSS2
wight	Define el ancho de un elemento.	auto % length	CSS1

Ejemplos de aplicación.

Definir la altura y el ancho de una imagen:

<html>
<head>
 <style type= "text / css">
img.normal
{
height: auto;
width: auto
}
img.grande
{
height: 64px;
width: 64px
}
img.pequena
{

```
height: 16px;
width: 16px
}
</style>
<title> </title>
</head>
<body>
<img class = "normal" height = "32" width = "32" src = "imagen.gif" /> <br/>
<img class = "grande" height = "32" width = "32" src = "imagen.gif" /> <br/>
<img class = "pequena" height = "32" width = "32" src = "imagen.gif" />
</body>
</html>
```

Posicionamiento de los elementos

Las propiedades que controlan el posicionamiento de los elementos nos permiten controlar la zona ocupada y la ubicación precisa.

Propiedad	Descripción	Valores	W3C
bottom	Establece la distancia (hacia abajo o hacia arriba) a la que debe estar el límite inferior de un elemento en relación con el	auto % length	CSS2

clip	límite inferior del elemento que lo contiene. Define la forma de un elemento. El elemento se corta en la forma deseada y luego se muestra.	shape auto	CSS2
left	Establece la distancia (hacia la izquierda o la derecha) a la que se debe dejar el límite izquierdo de un elemento en relación con el límite izquierdo del elemento que lo contiene.	auto % lenght	CSS2
overflow	Define lo que ocurre cuando el contenido de un elemento excede de su área.	visible hidden scroll auto	CSS2
right	Establece la distancia (hacia la izquierda o hacia la derecha) a la que se debe dejar el límite derecho de un elemento con respecto al	auto % length	CSS2

	borde derecho del elemento contenedor.		
top	Establece la distancia (hacia abajo o hacia arriba) a la que el límite superior debe estar en relación con el límite superior del elemento que lo contiene.	auto % length	CSS2

Formato de listas

Las propiedades relacionadas con las listas nos permiten controlar diversos aspectos de la presentación de una lista. Entre otros podemos elegir los símbolos de los marcadores, usar una imagen como marcador y elegir la posición de los marcadores.

Propiedades

Propiedad	Descripción	Valores	W3C
list-style	Nos ofrece una forma abreviada para definir en una única declaración todas	list-style-type list-style-position list-style-image	CSS1

	las propiedades de una lista.		
list-style-image	Establece una imagen como elemento marcador en una lista.	none url	CSS1
list-style-position	Establece la posición en la que marcador debe ser colocado.	inside outside	CSS1
list-style-type	Establece el tipo de marcador a utilizar.	none disc circle square decimal decimal-leading-zero lower-roman upper-roman lower-alfa upper-alfa lower-greek lower-latin upper-latin hebrew armenian georgian cjk-ideographic hiragana katakana hiragana-iroha katakana-iroha	CSS1
marker-		auto	CSS2

| offset | | length | |

Propiedades de clasificación

Las propiedades de clasificación nos permiten controlar cómo se presentan los elementos: la elección del lugar donde debería aparecer una imagen, colocar los elementos en términos absolutos en relación con los demás y controlar su visibilidad.

Propiedades

Propiedad	Descripción	Valores	W3C
clear	Establece los lados de un elemento junto a los cuales no están permitidos los elementos flotantes.	left right none both	CSS1
cursor	Especifica el tipo de cursor a utilizar.	url auto crosshair pointer default none e-resize ne-resize nw-resize n-resize se-resize	CSS2

		sw-resize s-resize w-resize text wait help	
display	Indica como un elemento deberá presentarse.	none inline block list-item run-in compact marker table inline-table table-row-group table-header-group table-footer-group table-row table-column-group table-column table-cell table-caption	CSS1
float	Define el lugar donde una imagen o un elemento de bloque debe aparecer dentro de otros	left none right	CSS1

	elementos.		
position	Coloca un elemento en una posición que puede ser absoluta, relativa o fija.	static relative fixed absolute	CSS2
visibility	Indica si un elemento debe ser visible o invisible.	visible hidden collapse	CSS2

Pseudo-clases

Las pseudo-clases nos permiten asociar efectos especiales a selectores CSS o a partes de los selectores.

Sintaxis

La sintaxis de las pseudo-clases es:

selector: pseudo-clase {propiedad: valor}

Las clases CSS también se pueden utilizar como pseudo-clases: selector.clase: pseudo-clase {propiedad: valor}

Pseudo-clases para enlaces

Aviso: Los estándares del W3C dicen que la pseudo clase debe funcionar como todos los elementos que tienen contenido pero MSIE tiene un error que hace que sólo funcionen como un elemento <a>.

Los (links) en estado activo que ya han sido visitados, no visitados o que están bajo el puntero del ratón se pueden mostrar con diferentes colores y estilos:

a: link {color: # FF0000}   /* Enlace no visitado */
a: visited   {color: # 00FF00}   /* Enlace ya visitado */
a: hover {color: # FF00FF} /* Enlace que está debajo del puntero

del ratón */

a: active {color: # 0000FF} /* Enlace seleccionado */

Para funcionar bien a: hover se debe definir después de a: link y a: visited debe estar ya definido.
Para funcionar bien a: active debe definirse después de a: hover.

Los nombres de las pseudo-clases son insensibles al tipo de letra. Puede utilizar mayúsculas o minúsculas indistintamente.

Las pseudo-clases se pueden combinar con clases CSS definidas en la página:

a.red: visited   {color: # FF0000}
<a class = "red" href = "pagina.html"> Una página <a>

Si en el ejemplo anterior ya se ha hecho clic (visitado) el texto aparecerá en color rojo.

La pseudo-clase: first-child

Aviso: Esta pseudo-clase aún no es bien soportada por los navegadores. No la use, ya que no obtendrá los resultados que desea.

La pseudo-clase: first-child afecta al primero de los elementos (primer descendiente) que se encuentra dentro de otro elemento.

En este ejemplo, el selector afecta el elemento P que aparece primero dentro de un elemento div, moviéndolo un poco más a la derecha con respecto al otro:

div: first-child p
{
text-indent: 25px
}

En el código siguiente, el selector que acabamos de definir afecta al primer párrafo que se encuentra dentro del elemento div:

<div>
<p>
Este es el primer párrafo.
Este es el párrafo que se desplazará hacia la derecha.
</p>
<p>
Este es el segundo párrafo.
Este es el párrafo que no se desplaza a la derecha.
</p>

</div>

pero el siguiente apartado de HTML no se verá afectada, ya que no es el primer descendiente del elemento div:

<div>
<h3> Cabecera </h3>
<p>
Este es el primer párrafo.
Este es el apartado que no se desplaza a la derecha, porque no es el primer descendiente del elemento div.
</p>
</div>

En el siguiente ejemplo, el selector afectará a un elemento <em> que aparece en primer lugar (primer descendiente) dentro de un elemento p, haciendo que su contenido este escrito en negrita:

p: first-child em
{
font-weight: bold
}

Por ejemplo, el elemento <em> en el siguiente HTML es el primer descendiente del párrafo:

<p> Hércules es <em> fuerte </em> y con coraje. </p>

En el siguiente ejemplo, el selector asignará un elemento <a> que aparezca en primer lugar (primer descendiente) dentro de cualquier elemento, haciendo que su propiedad text-decoration tenga el valor none:

a: first-child
{
text-decoration: none
}

El primer elemento <a> del siguiente HTML es el primer descendiente del párrafo y no va a estar destacado, pero el segundo va a estar subrayado:

<P>
Visite <a href = "http://www.w3.org"> W3C </a> y consulte las recomendaciones para CSS. Visite <a href = "http://www.w3.org"> W3C </a> y vea las recomendaciones para HTML.
</p>

La pseudo-clase: lang

La pseudo-clase: lang permite al autor especificar el idioma que se utiliza en un documento o un elemento en particular.

En el siguiente ejemplo se define un tipo de comillas diferentes para el texto que se escribe en francés:

html: lang (fr)
{
quotes: '<<">>'
}

En el siguiente ejemplo, se define el tipo de comillas para usar con el elemento blockquote:

blockquote: lang (fr)
{
quotes: '<<">>'
}

Listado de pseudo-clases

Nota: La columna de la tabla que tiene por título W3C indica el estándar que define la pseudo-clase. CSS1 significa que la propiedad es definida por "Cascading Style Sheets Level 1" y CSS2 significa que la propiedad es definida por "Cascading Style Sheets Level 2".

Pseudo-clases	W3C	Finalidad
active	CSS1	Define el estilo que se aplica a un enlace seleccionado.
hover	CSS1	Establece el estilo aplicado a un enlace cuando el puntero del ratón está sobre él.
link	CSS1	Establece el estilo aplicado a un vínculo que aún no ha sido visitado.
visited	CSS1	Establece el estilo aplicado a un enlace ya visitado.
first-child	CSS2	Establece el estilo aplicado al primero de los elementos que está dentro de otro elemento (primer descendiente).
Lang	CSS2	Permite establecer diferentes

		atributos estilísticos para aplicar al texto escrito en un idioma.

Pseudo-elementos

Los pseudo-elementos se utilizan en CSS para añadir efectos a algunos selectores o partes de los selectores.

Sintaxis

La sintaxis de los pseudo-elementos es la siguiente:

selector: pseudo-elemento {propiedad: valor}

Las clases CSS también se pueden utilizar como pseudo-elementos:

selector.clase: pseudo-elemento {propiedad: valor}

Un formato especial para la primera línea

El pseudo-elemento "first-line" se utiliza para agregar estilos especiales a la primera línea de un texto:

<html>
<head>
<style type="text/css">
    p {font-size: 12pt}
p: first-line {color: # 0000FF; font-variant: small-caps}
</style>
</head>

```
<body>
<p>
Texto ocupando <br>
dos o más líneas <br>
La primera línea tiene un <br>
formato especial dado por el pseudo-elemento first-line.
</p>
</body>
</html>
```

En el ejemplo anterior, el navegador muestra la primera línea formateada de acuerdo con el pseudo-elemento "first-line". Si no forzamos un salto de línea el lugar en que su navegador cambia de línea depende del tamaño de la ventana.

El pseudo-elemento "first-line" sólo se puede utilizar en los elementos de bloque. Las siguientes propiedades se aplican al pseudo-elemento "first-line":

- propiedades del tipo de letra (font)
- propiedades de color
- propiedades de fondo (background)
- espacio entre las palabras (word-spacing)
- espacio entre letras (letter-spacing)
- decoración del texto (text-decoration)
- alineación vertical (vertical-align)
- transformación del texto (text-transform)
- altura de las líneas (line-height)
- clear

El MSIE 5.0 no admite el pseudo-elemento "first-line".

El pseudo-elemento first-letter

El pseudo-elemento 'first-letter "se utiliza para agregar estilos especiales a la primera letra de un texto:

p {font-size: 12pt}
p: first-letter {font-size: 200%; float: left}
<p>Primeras palabras en un texto (...) </p>

La salida mostrará la primera letra del párrafo con el doble del tamaño (24 puntos):

<html>
<head>
<style type="text/css">
p {font-size: 12pt}
p: first-letter {font-size: 200%; float: left}
</style>
</head>
<body>
<p>
*La primera letra en este párrafo es mayor
*
que las restantes.
</p>
<p>
*La primera letra en este párrafo es mayor
*
que las otras.
</p>
</body>
</html>

El MSIE 5.0 no admite el pseudo-elemento 'first-letter'.

El pseudo-elemento 'first-letter' sólo se puede utilizar en los elementos de bloque.

Las siguientes propiedades son aplicables a los pseudo-elementos 'first-letter':

- propiedades del tipo de letra (font)
- propiedades de color
- propiedades de fondo (background)
- propiedades de los márgenes
- propiedades del espacio entre el texto y el borde
- propiedades de las líneas de límite
- decoración del texto (text-decoration)
- alineación vertical (sólo si el float tiene valor none)
- transformación del texto (text-transform)
- altura de las líneas (line-height)
- float
- clear

Los pseudo-elementos en clases CSS

Los pseudo-elementos pueden combinarse con clases CSS:

p.articulo: first-letter {color: # FF0000}
<p class = "articulo"> Un párrafo de un artículo <p>

El código anterior haría que la primera letra de cada párrafo que tenga class = "artículo" esté escrita en rojo. Los párrafos que no tienen esta clase no se ven afectados.

Varios pseudo-elementos

Podemos combinar varios pseudo-elementos para controlar la presentación de un elemento:

p {font-size: 12pt}
p: first-letter   {color: red; font-size: 200%}
p: first-line {color: blue}
<p>Primeras palabras de un artículo <p>

En la salida tenemos la primera letra de cada párrafo con dos veces el tamaño (24pt) y de color rojo. Además las letras restantes de la primera fila tendrán el color azul. El resto del párrafo será normal.

Los pseudo-elementos :before y :after

Aviso: estos pseudo-elementos están bien soportados por Netscape 7/Mozilla y por Opera 7.2, pero no por MSIE.

El pseudo-elemento ":before" se puede utilizar para insertar un cierto contenido antes de un elemento. El estilo que se muestra a continuación inserta una imagen con una flecha antes de la ocurrencia de una cabecera de nivel 4.

<html>
<head>
<style type="text/css">
h4: before
 {
content: url (flecha.gif)
 }
</style>

```
</head>
<body>
<h4> Esta cabecera tiene una flecha </h4>
</body>
</html>
```

Aviso: Este elemento está bien soportado por Netscape 7/Mozilla y por Opera 7.2, pero no por MSIE.

El pseudo-elemento ":after" se puede utilizar para insertar algún contenido después de un elemento. El estilo que se muestra a continuación inserta una imagen con una flecha después de la ocurrencia de una cabecera de nivel 4.

```
<html>
<head>
<style type="text/css">
h4: after
{
content: url (flecha.gif)
}
</style>
</head>
<body>
<h4> Esta cabecera tiene una flecha </h4>
</body>
</html>
```

Lista de los pseudo-elementos

Pseudo-elementos	W3C	Finalidad
first-letter	CSS1	Define un estilo especial para

first-line	CSS1	Define un estilo especial para la primera letra de un texto. la primera línea de un texto.
before	CSS2	Introduce algún contenido antes de un elemento.
after	CSS2	Introduce algún contenido después de un elemento.

Tipos de soporte

La posibilidad que nos dan los estilos CSS para elegir los estilos que deben aplicarse a muchos soportes nos permite especificar con precisión la forma en como se presentan los documentos a los usuarios. Podemos definir estilos que se aplicarán cuando las páginas se muestran gráficamente en un navegador, impresas en papel o leídas en voz alta en un navegador que sea capaz de sintetizar voz.

Algunas propiedades definidas en CSS son aplicables únicamente a un tipo específico. Por ejemplo, la propiedad "voice-family" sólo tiene sentido cuando la página se visualiza un navegador capaz de sintetizar la voz. La propiedad "font-size" sólo tiene sentido cuando se muestra la página de forma gráfica en un navegador o impresa en papel, probablemente con diferentes valores en cada caso debido a que la impresión en papel se hace generalmente con un tipo de letra más pequeño.

La regla @media

La regla @media nos permite definir una hoja de estilo único, diferentes propiedades que se aplicarán a los diferentes tipos de soporte.

Los estilos definidos en el siguiente ejemplo le dicen al navegador que muestre el texto en la pantalla con el tipo de letra Verdana y con tamaño 14px. Cuando se imprime la página se debe utilizar un tipo de letra Times con tamaño de 10pt. Tanto en la pantalla como en la impresión el texto está en negrita (bold):

```
<html>
<head>
<style>
@media screen /* estilos para aplicar por pantalla (screen) */
{
p.test {font-family: verdana, sans-serif; font-size: 14px}
}
@media print /* estilos para la impresión (print) */
{
p.test {font-family: times, serif; font-size: 10pt}
}
@media screen, print /* estilos para pantalla e impresión */
{
p.test {font-weight: bold}
}
</style>
</head>
<body>
....
</body>
</html>
```

Tipos de soporte

Tipo de soporte	Descripción
all	Se utiliza para definir estilos para todos los tipos de soporte.
aural	Se utiliza para definir estilos para los sintetizadores de voz.
braille	Se utiliza para definir estilos para aplicar al texto escrito en braille.
embossed	Define estilos para textos e impresoras braille.
handheld	Se utiliza para definir los estilos para los pequeños dispositivos móviles (PDAs, teléfonos móviles, ...)
print	Define estilos para cuando la página se imprime en papel.
projection	Define estilos para cuando se muestra la página en un proyector (diapositivas, por ejemplo)
screen	Estilos para la presentación en la pantalla del ordenador.
tty	Estilos para su presentación en terminales con recursos limitados (caracteres con tamaño fijo y otras limitaciones)
tv	Establece estilos que se aplicarán cuando se muestra la página en un televisor o aparato similar

Material de Referencia de CSS

Fondos (background)

Propiedad	Descripción	Valores	W3C
background	Nos ofrece una manera corta para escribir todas las propiedades de fondo en una declaración.	background-color background-image background-repeat background-attachment background-position	CSS1
background-attachment	Indica si la imagen de fondo debe permanecer inmóvil en la ventana del navegador o acompañará el contenido cuando haya movimiento (desplazamiento).	scroll fixed	CSS1
background-color	Establece el color de fondo de un elemento.	color-rgb color-hex color-name transparent	CSS1

background-image	Establece una imagen de fondo para su uso en el elemento	url none	CSS1
background-position	Define la ubicación donde se comienza a dibujar la imagen de fondo.	top left top center top right center left center center center right bottom left bottom center botton right	CSS1
background-repeat	Establece si la imagen de fondo debería ser repetida (formando un mosaico) o no, y las direcciones de la repetición.	x-% y-% x-pos y-pos repeat repeat-x repeat-y no-repeat	CSS1

Bordes (border)

Propiedad	Descripción	Valores	W3C
border	Ofrece una	border-width	CSS1

	forma abreviada para escribir en una única declaración todos los parámetros de las líneas de contorno. Acepta los valores que se pueden dar a las propiedades que figuran listadas a la derecha.	border-color border-style	
border-bottom	Ofrece una forma abreviada para escribir en una única declaración todas las propiedades de la línea límite de la parte inferior. Acepta los valores que se pueden dar a las propiedades que figuran listadas a la derecha.	border-bottom-width border-style border-color	CSS1
border-bottom-color	Establece el color de la línea de contorno inferior.	border-color	CSS2
border-bottom-style	Establece el estilo de la línea de borde inferior.	border-style	CSS2

border-bottom-width	Define el grosor de la línea inferior.	thin medium thick lenght	CSS1
border-color	Establece los colores de las cuatro líneas de contorno. Acepta de uno a cuatro valores.	color	CSS1
border-left	Ofrece una forma abreviada para escribir todas las propiedades de la línea del lado izquierdo en una sola sentencia. Acepta los valores que se pueden dar a las propiedades que figuran a la derecha.	border-left-width border-color border-style	CSS1
border-left-color	Establece el color de la línea de borde izquierdo.	border-color	CSS2
border-left-style	Establece el estilo de la línea de borde izquierdo.	border-style	CSS2
border-left-	Define el grosor	thin medium	CSS1

width	de la línea de borde izquierdo.	thick	
border-right	Ofrece una forma abreviada de escribir todas las propiedades de la línea de contorno en el lado derecho en una sola declaración. Acepta los valores que se pueden dar a las propiedades que figuran a la derecha.	lenght border-right-width border-color border-style	CSS1
border-right-color	Establece el color de la línea de borde a la derecha.	border-color	CSS2
border-right-style	Establece el estilo de la línea de la derecha.	border-style	CSS2
border-right-width	Define el grosor de la línea de la derecha	thin medium thick lenght	CSS1
border-style	La propiedad border-style	none hidden dotted hashed	CSS1

border-top	establece el estilo de las cuatro líneas de contorno. Acepta de uno a cuatro valores.	solid double groove ridge inset outset	
	Nos ofrece una manera abreviada de escribir todas las propiedades de la línea de contorno de la parte superior en una sola declaración. Acepta los valores que se pueden dar a las propiedades que figuran a la derecha.	border-top-width border-color border-style	CSS1
border-top color	Establece el color de la línea superior.	border-color	CSS2
border-top-style	Establece el estilo de la línea superior.	border-style	CSS2
border-top-width	Define el grosor de la línea superior.	thin medium thick lenght	CSS1
border-width	Ofrece una forma abreviado para definir los	thin medium thick lenght	CSS1

	grosores de todas las líneas de contorno. Acepta de uno a cuatro valores.		

Propiedades de clasificación

Propiedad	Descripción	Valores	W3C
clear	Establece los lados de un elemento junto a los cuales no están permitidos los elementos flotantes.	left right none both	CSS1
cursor	Especifica el tipo de cursor a utilizar.	url auto crosshair pointer default none e-resize ne-resize nw-resize n-resize se-resize sw-resize s-resize w-resize text wait	CSS2

		help	
display	Indica como un elemento deberá presentarse.	none inline block list-item run-in compact marker table inline-table table-row-group table-header-group table-footer-group table-row table-column-group table-column table-cell table-caption	CSS1
float	Define el lugar donde una imagen o un elemento de bloque debe aparecer dentro de otros elementos.	left none right	CSS1
position	Coloca un elemento en una posición que	static relative fixed absolute	CSS2

	puede ser absoluta, relativa o fija.		
visibility	Indica si un elemento debe ser visible o invisible.	visible hidden collapse	CSS2

Control de los tamaños de los elementos

Propiedad	Descripción	Valores	W3C
height	Establece la altura de un elemento.	auto length %	CSS1
line-height	Establece la distancia entre las líneas.	normal número lenght %	CSS1
max-height	Establece la altura máxima de un elemento.	none length %	CSS2
max-width	Establece el ancho máximo de elemento.	none length %	CSS2
min-height	Define la altura mínima de un elemento.	length %	CSS2
min-width	Establece el ancho mínimo de elemento.	length %	CSS2

| wight | Define el ancho de un elemento. | auto
%
length | CSS1 |

Tipos de letra

Propiedad	Descripción	Valores	W3C
font	Acepta los valores que pueden ser datos a las restantes propiedades que se encuentran en las columnas de esta tabla. Nos da una forma abreviada de definir en una única declaración todas las propiedades relacionadas con el tipo de letra.	icon menu message-box small-caption status-bar	CSS1
font-family	La propiedad font-family consiste en una lista de fuentes a las que el navegador puede optar para escribir	family-name generic-family	CSS1

	los textos. La lista está ordenada de forma prioritaria: la primera opción aparece primero, luego viene la segunda opción y así sucesivamente. El navegador elige el primer tipo que es capaz de utilizar. Los nombres de las fuentes pueden ser nombres familiares o nombres genéricos.		
font-size	Ajusta el tamaño de un tipo de letra.	xx-small x-small small medium large x-large xx-large smaller larger lenght %	CSS1
font-size-adjust	Si el tipo de letra (fuente) elegido no está disponible, el navegador se ve obligado a utilizar	none número	CSS2

	otro tipo diferente. La propiedad font-size-adjust especifica el "aspect value" de la fuente elegida para que el navegador pueda sustituirla por otro tipo que sea accesible preservando la altura de la letra "x" y manteniendo la legibilidad del texto.		
font-stretch	La propiedad font-stretch provoca una expansión o contracción horizontal en el tamaño de la fuente.	normal wider reducir ancho carácter ultra-condensed extra-condensed condensed semi-condensed semi-expanded expanded extra-expanded	CSS2

		ulttra-expanded	
font-style	Establece el estilo de fuente que desea utilizar.	normal italic oblique	CSS1
font-variant	Escribe el texto mediante una fuente "small-caps" o de tipo normal.	normal small-caps	CSS1
font-weight	Establece el grosor del trazo con el que están diseñadas las letras.	normal bold bolder lighter 100 200 300 400 500 600 700 800 900	CSS1

Generar contenidos

Propiedad	Descripción	Valores	W3C
Content	Genera contenidos y los inserta en el documento. Se utiliza junto con	string url counter (name) counter (name, list-style-type) counters(name,	CSS2

		los pseudo-elementos :before y :after.	string) counters(name, string,list-style-type) attr (X) open-quote close-quote no-open-quote no-close-quote	
counter-increment		Define cuánto se debe incrementar el contador para cada ocurrencia de un selector.	none número identificador	CSS2
counter-reset		Define el valor para dar al contador siempre que se produce un selector.	none número identificador	CSS2
Quotes		Establece el estilo de las comillas.	none string string	CSS2

Listas y Marcadores

Propiedad	Descripción	Valores	W3C
list-style	Nos ofrece una forma abreviada para definir en una	list-style-type list-style-	CSS1

	única declaración todas las propiedades de una lista.	position list-style-image	
list-style-image	Establece una imagen como elemento marcador en una lista.	none url	CSS1
list-style-position	Establece la posición en la que marcador debe ser colocado.	inside outside	CSS1
list-style-type	Establece el tipo de marcador a utilizar.	none disc circle square decimal decimal-leading-zero lower-roman upper-roman lower-alfa upper-alfa lower-greek lower-latin upper-latin hebrew armenian georgian cjk-ideographic hiragana katakana hiragana-	CSS1

		iroha katakana-iroha	
marker-offset		auto length	CSS2

Márgenes

Propiedad	Descripción	Valores	W3C
margin	La propiedad margin nos ofrece una forma abreviada de definir en una única declaración todas las propiedades de los cuatro bordes de un elemento.	margin-top margin-right margin-bottom margin-left	CSS1
margin-bottom	Establece el margen inferior del elemento.	auto length %	CSS1
margin-left	Establece el margen izquierdo del elemento.	auto length %	CSS1
margin-right	Establece el margen derecho del elemento.	auto length %	CSS1
margin-top	Establece el margen superior del elemento.	auto length %	CSS1

Líneas de contorno

Propiedad	Descripción	Valores	W3C
outline	Nos ofrece una forma abreviada para establecer todas las propiedades de contorno.	outline-color outline-style outline-width	CSS2
outline-color	Establece el color del contorno de un elemento.	color invert	CSS2
outline-style	Establece el estilo del contorno de un elemento.	none dotted solid double dashed groove ridge inset outset	CSS2
outline-width	Define el grosor de la línea contorno de un elemento.	thin medium thick lenght	CSS2

Espacio en blanco dentro de un elemento (padding)

Propiedad	Descripción	Valores	W3C
padding	Esta propiedad nos	padding-top	CSS1

	ofrece una forma abreviada de definir en una única declaración todos los aspectos de las separaciones entre el contenido de un elemento y sus límites.	padding-right padding-bottom padding-left	
padding-bottom	Define el espacio que separa el contenido de un elemento de su límite inferior.	length %	CSS1
padding-left	Define el espacio que separa el contenido de un elemento de su límite izquierdo.	length %	CSS1
padding-right	Define el espacio que separa el contenido de un elemento de su límite derecho.	length %	CSS1
padding-top	Define el espacio que separa el contenido de un elemento de su límite superior.	length %	CSS1

Posicionamiento

Propiedad	Descripción	Valores	W3C
bottom	Establece la distancia (hacia abajo o hacia arriba) a la que debe estar el límite inferior de un elemento en relación con el límite inferior del elemento que lo contiene.	auto % length	CSS2
clip	Define la forma de un elemento. El elemento se corta en la forma deseada y luego se muestra.	shape auto	CSS2
left	Establece la distancia (hacia la izquierda o la derecha) a la que se debe dejar el límite izquierdo de un elemento en relación con el límite izquierdo del elemento que lo contiene.	auto lenght %	CSS2
overflow	Define lo que ocurre cuando el contenido de un elemento excede de	visible hidden scroll auto	CSS2

right	su área. Establece la distancia (hacia la izquierda o hacia la derecha) a la que se debe dejar el límite derecho de un elemento con respecto al borde derecho del elemento contenedor.	auto % length	CSS2
top	Establece la distancia (hacia abajo o hacia arriba) a la que el límite superior debe estar en relación con el límite superior del elemento que lo contiene.	auto % length	CSS2
vertical-align	Establece la alineación vertical de un elemento.	baseline sub top super text-top middle bottom text-bottom length %	CSS1
z-index	Establece el orden de presentación (prioridad) de los	auto número	CSS2

| | elementos en caso de existir superposición entre ellos. | | |

Formato de tablas

Propiedad	Descripción	Valores	W3C
border-collapse	Establece el modelo de línea de borde de una tabla.	collapse separate	CSS2
border-spacing	Establece la distancia entre las líneas de contorno de las celdas adyacentes (sólo es aplicable cuando se utiliza el modelo "separated borders" para las líneas de límite de la tabla).	length lenght	CSS2
caption-side	Establece la posición de la leyenda en la tabla.	top right bottom left	CSS2
empty-cells	Indica si las celdas que no tienen contenido visible deben tener líneas de límite o no	show hide	CSS2

	(aplicable solo cuando se usa "separated borders").		
table-layout	Escoge el algoritmo a usar para diseñar la tabla.	auto fixed	CSS2

Formato de texto

Propiedad	Descripción	Valores	W3C
color	Establece el color del texto.	color	CSS1
direction	Establece la dirección de escritura del texto.	ltr rtl	CSS2
letter-spacing	Aumenta o disminuye el espacio entre los caracteres.	normal length	CSS1
text-align	Alinea el texto dentro de un elemento.	left right center justify	CSS1
text-decoration	Añade detalles decorativos al texto.	none underline overline line-throught blink	CSS1
text-indent	Desplaza hacia la	length	CSS1

	derecha o hacia la izquierda la primera letra de la primera línea de texto.	%	
text-transform	Controla las letras de un elemento.	none capitalice uppercase lowercase	CSS1
unicode-bidi		normal embed bidi-override	CSS2
white-space	Define cómo se trata el espacio en blanco dentro de un elemento.	normal nowrap pre	CSS1
word-spacing	Aumenta o disminuye el espacio entre palabras.	normal length	CSS1

Imprimir

Propiedades

Una impresión satisfactoria de los documentos escritos en HTML siempre ha sido un tema delicado. El hecho de que una página HTML pueda tener longitud y anchura arbitrarias entra en conflicto con el tamaño fijo de una hoja de papel. A menudo es muy difícil hacer que el ancho de una página Web quepa en una hoja de papel y obtener una página en la que no se rompan los elementos que deben permanecer enteros.

El estándar CSS2 trata de dar ayuda para aliviar este problema a través de la definición de las propiedades específicas para la impresión de documentos en papel.

Propiedad	Descripción	Valores	W3C
orphans	Define el número mínimo de líneas de un párrafo que se puede dejar solo al final de una página.	número	CSS2
page	Establece el tipo de página que se debe utilizar para imprimir un elemento.	auto identificador	CSS2
page-break-after	Define cómo se hacen los cambios de página después de un elemento.	auto always avoid left right	CSS2
page-break-before	Define cómo se hacen los cambios de página antes de un elemento.	auto always avoid left right	CSS2
page-break-inside	Define cómo se hacen los cambios de página dentro de un elemento.	auto avoid	CSS2
widows	Define el número	número	CSS2

mínimo de líneas de un párrafo que puede estar solo en la parte superior de una página.		

CSS 3

En CSS3 se introducen bastantes características que mejoran notablemente el lenguaje CSS y nos da la posibilidad de crear diseños mucho más atractivos.

Selectores de atributos

CSS3 incorpora tres nuevos selectores de atributos.

El selector de atributo E [atributo ^ = "string"]. El selector de atributos E [atributo ^ = "string"] casa con el elemento E que tiene el nombre de atributo comenzando por la cadena. La sintaxis general del régimen del selector CSS para esto es: E [atributo ^ = "string"] {propiedad: valor;} donde E es un selector.

Los siguientes párrafos cuyo atributo título comienza con ba tienen el fondo en color verde:

CSS:
p [title ^ = "ba"] {background: # 060;}

HTML:

\<p\> Párrafo sin color de fondo verde \</ p\>
\<p title="exala"\> Párrafo sin color de fondo verde \</ p\>
\<p title="bala"\> Párrafo con color de fondo verde \</ p\>
\<p\> Párrafo sin color de fondo verde \</ p\>
\<p title="babalu"\> Párrafo con color de fondo verde \</ p\>
\<p title="cabala"\> Párrafo sin color de fondo verde \</p\>
Supongamos la siguiente estructura HTML en un documento:
\<div id="nav-primary"\> \</ div\>
\<div id="content-primary"\> \</ div\>
\<div id="content-secondary"\> \</ div\>
\<div id="tertiary-content"\> \</ div\>
\<div id="nav-secondary"\> \</ div\>

Con el uso del selector de atributo para subcadenas se puede casar combinaciones de las partes estructurales del documento.

La siguiente regla define un color de fondo para todos los elementos DIV cuyo nombre de ID comienza con "nav":

div [id ^ = "nav"] {background: # ff0;}

Para nuestro ejemplo el selector casa con div # nav-primary y div # nav-secondary.

El selector de atributo E [atributo $ = "string"]. El selector de atributos E [atributo $ = "string"] casa con el elemento E que tiene el nombre de atributo que termina exactamente por la cadena de texto indicada.

El siguiente ejemplo selecciona todos los enlaces que apuntan a una página:

a[href$="dirección Web"] { ... }

Para casar con los elementos DIV que tengan su nombre de ID terminado por "primary" se podría utilizar la siguiente regla:

div [id $ = "primary"] {background: # ff0;}

Ahora el selector casa con div # nav-primary y div # content-primary.

El selector de atributo E [atributo * = "string"]. El selector de atributos E[atributo * ="string"] casa con el elemento E cuyo valor contiene la cadena de texto indicada.

El ejemplo que se indica a continuación selecciona todos los títulos h1 cuyo atributo title contenga la palabra "capítulo":

h1[title*="capítulo"] { ... }

La siguiente regla define un color de fondo para todos los elementos DIV que tengan en su nombre el substring "content":

div [id * = "content"] {background: # ff0;}

Los elementos casados con esta regla son div # content-primary, div # content-secondary y div # tertiary-content.

Pseudo clases

La pseudo-clase :target

Considere las direcciones URL como un enlace para un fragmento identificador (una señal "#" seguido de un nombre o el ID de un elemento) que apunta a un determinado elemento dentro del propio documento. El elemento para el cual la dirección URL señala es el destino (target) y la pseudo-clase: target permite casar ese elemento. Si la URL no contiene un fragmento identificador la pseudo-clase: target no casa con ningún elemento.

Considerando la estructura HTML mostrada en el ejemplo anterior. La siguiente regla pone una línea resaltada (contorno) alrededor del div # content-primary cuando la dirección URL contiene este fragmento identificador:

div # content-primary: target {outline: 1px solid # 300;}

Las pseudo-clases :enabled y :disabled

Las pseudo clases: enabled y: disabled permiten a los desarrolladores controlar la apariencia de elementos de la interfaz de usuario (control de formularios) que están habilitados o deshabilitados (enabled o disabled). Las siguientes reglas definen diferentes colores de fondo para las entradas de texto dependiendo de si están habilitados o deshabilitados:

input [type = "text"]: enabled {background: # ffc;}
input [type = "text"]: disabled {background: # ddd;}

La pseudo-clase :checked

La pseudo-clase: checked permite a los desarrolladores controlar la aparición de los elementos de elementos de radio y casillas de verificación (checkbox). La regla CSS que se muestra a continuación define un borde verde para los elementos de radio y casillas de verificación que se marcan (checked):

input: checked {border: 1px solid # 090;}

Pseudo Clases Estructurales

Las pseudo clases estructurales permiten a los desarrolladores casar elementos basados en la información disponible en la estructura del documento y que no pueden ser casados por selectores simples o selectores combinados.

La pseudo-clase :root

La pseudo-clase :root casa con el elemento raíz del documento. En HTML el elemento raíz es siempre el elemento HTML. Las reglas de estilo que se muestran a continuación son idénticas (bueno, casi idénticas: root tiene una especificidad mayor que HTML):

:root {background: # ff0;}
html {background: # ff0;}

La pseudo-clase :nth-child ()

La pseudo-clase: nth-child () casa un elemento que tiene un determinado número de elemento secundario anterior en la estructura del documento. El argumento a ser colocado dentro de los paréntesis, en el selector puede ser un número, una palabra clave (keyword) o una fórmula.

Un número n casa al enésimo hijo. La siguiente regla se aplica a todos los párrafos que son el tercer hijo de su elemento padre:

p: nth-child (3) {color: # f00;}

Las palabras clave (keywords) odd y even se pueden utilizar para casar elementos hjios, cuya posición de índice sea par o impar. La posición del índice del primer hijo es 1. La siguiente regla casa cualquier elemento p que sea el primero, tercero, quinto, etc. hijo de su elemento padre:

p: nth-child (odd) {color: # f00;}

La siguiente regla casa cualquier elemento p que sea el segundo, cuarto, sexto, etc. hijo de su elemento padre:

p: nth-child (even) {color: # f00;}

La fórmula n + b se puede utilizar para crear repeticiones más complejas. En la fórmula que representa el tamaño de un bucle, n es un contador que comienza en 0 (cero), y b representa un valor que se añade para determinar la primera iteración. Todos los valores son números enteros.

La regla siguiente casará cualquier elemento p cuya posición de índice sea un múltiplo de tres. En la primera regla b es igual a cero y puede omitirse, como se hizo en la segunda regla:

p: nth-child (3n+0) {color: # f00;}
p: nth-child (3n) {color: # f00;}

El valor que se suma para determinar la primera iteración se puede utilizar para definir en que hijo se debe comenzar a aplicar la regla. Si tiene una tabla con 20 filas y desea que cada fila impar a partir de la décima línea tenga un color de fondo diferente, puede utilizar la siguiente regla:

tr: nth-child (2n+11) {background: # ff0;}

Como n comienza en 0 (cero), el primer elemento tr a ser casado es el 11º. El siguiente es el 13, luego el 15 y así sucesivamente.

La pseudo-clase :nth-last-child ()

La pseudo-clase: nth-last-child () funciona de manera similar a la pseudo-clase: nth-child (), excepto por el hecho que casa un elemento que tiene un determinado número de elemento del mismo nivel posterior en la estructura del documento. En otras palabras, la numeración empieza en el último hijo y hacia atrás. La regla siguiente casa el penúltimo (segundo desde atrás hacia adelante) elemento tr de una tabla:

tr: nth-last-child (2) {background: # ff0;}

La pseudo-clase :nth-of-type ()

La pseudo-clase :nth-of-type() funciona de manera similar a la pseudo-clase: nth-child (), pero sólo tiene en cuenta los elementos de un mismo tipo de elemento al que se aplica la regla. La siguiente regla casa cualquier elemento p que sea el tercer hijo de su elemento padre:

p:nth-of-type(3) {background: # ff0;}

Este modificador es útil cuando quiere asegurarse de que va a casar el tercer elemento p. A primera vista se podría pensar que no hay ninguna diferencia con el selector nth-child, pero: nth-child (3) considera todos los elementos del mismo nivel en su enumeración y, por tanto, el resultado será diferente a menos que todos los elementos hermanos de p sean también elementos p.

La pseudo-clase :nth-last-of-type ()

La pseudo-clase: nth-last-of-type () casa un elemento que tiene una serie de elementos hermanos del mismo tipo siguientes en la estructura del documento. Así como en la pseudo-clase :nth-last-child () el comienzo de la cuenta es desde el último hijo y el recuento se hace al revés. La regla a seguir casa cada penúltimo elemento hermano del tipo p:

p: nth-last-of-type (2) {background: # ff0;}

La pseudo-clase :last-child

La pseudo-clase :last-child casa un elemento que es el último hijo de su elemento padre.

Es lo mismo que :nth-last-child (1). La regla siguiente casa todos los elementos p que son el último elemento hijo de su elemento padre:

p: last-child {background: # ff0;}

Ejemplo 1:
El último elemento de una lista con el fondo en verde:

CSS:
ol.test-uno li: last-child {background: # 060;}

HTML:
<ol class="test-uno">
<li> elemento de la lista </ li>
<li> elemento de la lista </ li>

<li> elemento de la lista </ li>

<li> El fondo de este artículo debe ser de color verde </li>

</ ol> debe ser de color verde

Ejemplo 2:
La última columna de una tabla con el fondo en verde:

CSS:
table.test-dos tr td: last-child {background: # 060;}

HTML:
```
<table class="test-dos" border="1">
 <tr>
  <td> Móvil 1.1 </ td>
  <td> Móvil 1.2 </ td>
  <td> Móvil verde </ td>
 </ tr>
 <tr>
  <td> Móvil 2.1 </ td>
  <td> Móvil 2.2 </ td>
  <td> Móvil verde </ td>
 </ tr>
 <tr>
  <td> Móvil 3.1 </ td>
  <td> Móvil 3.2 </ td>
  <td> Móvil verde </ td>
 </ tr>
</ table>
```

La pseudo-clase :first-of-type

La pseudo-clase :first-of-type casa un elemento que es el primer hermano de su tipo. Es lo mismo que :nth-of-type(1).

p: first-of-type {background: # ff0;}

La pseudo-clase :last-of-type

La pseudo-clase :last-of-type casa un elemento que es el último hermano de su tipo. Es lo mismo que: nth-last-of-type(1).

p:last-of-type {background: # ff0;}

La pseudo-clase :only-of-type

La pseudo-clase :only-of-type casa un elemento cuyo elemento padre no tiene otro hijo del mismo tipo cuyo elemento primario no tiene otros elementos secundarios del mismo tipo. Es lo mismo (pero con una menor especificidad) que : first-of-type:last-of-type o :nth-of-type(1): nth-last-of-type (1).

p: only-of-type {background: # ff0;}

La pseudo-clase :only-child

La pseudo-clase :only-child casa un elemento que es el único hijo de su elemento padre. Es lo mismo (pero con una menor especificidad) que :first-child: last-child o : nth-child (1): nth-last-child (1).

p: only-child {background: # ff0;}

Ejemplo:
Un elemento p único hijo de un DIV y luego otro elemento p único hijo de un blockquote tendrán fondo verde:

CSS:
p: only child {background: # 060;}

HTML:
```
<div>
Un texto en el div
<p> Este párrafo es el único hijo de un div y debe tener de fondo en verde </ p>
y luego más texto en el div.
</ div>
<p> Un párrafo de div </ p>
<blockquote>
<p> Y ahora un hijo único de blockquote que debe tener de fondo en verde. </ p>
</ Blockquote>
```

El pseudo negación :not ()

El pseudo negación :not () niega el casamiento con un elemento. La sintaxis general de CSS para la pseudo negación es: C: not (E) {propiedad: valor;} donde C es el elemento contenido en E. Aquí la regla CSS se aplicará a todos los elementos de C, menos los elementos de E.

Ejemplo 1:
Queremos excluir los elementos span contenidos dentro de un DIV y los demás tendrán fondo verde:

CSS:
div.test-cuatro: not (span) {background: # 060;}

HTML:
```
<div class="test-cuatro">
<span> Un texto contenido en el div y dentro de SPAN no tiene fondo verde </ span>
<p>
```

Este párrafo es hijo de un div y debe tener color verde de fondo y </ p> <span> aquí dentro de SPAN no deberá tener fondo verde </ span>
<blockquote>
Y ahora un blockquote <p> dentro del div y debe tener fondo en color verde. </ p>
</ blockquote>
</ div>

Ejemplo 2:
Todas las columnas de una tabla, excepto la última, con el fondo en verde:

CSS:
table.test-cinco tr td: not (: last-child) {background: # 060;}

HTML:
```
<table class="test-cinco" border="1">
 <tr>
  <td> Móvil verde </ td>
  <td> Móvil verde </ td>
  <td> Móvil 1.3 </ td>
 </ tr>
 <tr>
 <tr>
  <td> Móvil verde </ td>
  <td> Móvil verde </ td>
  <td> Móvil 2.3 </ td>
 </ tr>
 <tr>
  <td> Móvil verde </ td>
  <td> Móvil verde </ td>
  <td> Móvil 3.3 </ td>
```

```
</ tr>
</ table>
```

La pseudo-clase :empty

La pseudo-clase : empty casa con un elemento vacío. La sintaxis general de CSS para esta pseudo-clase es: E: empty {propiedad: valor;} donde E es un elemento vacío.

Ejemplo:
Un párrafo vacío tendrá fondo verde:

Nota: Para la visualización del fondo tendrá que establecer una altura para el párrafo.

CSS:
div.test-seis p: empty {background: # 060; height: 40px;}

HTML:
```
<div class="test-seis">
<p> Este párrafo no está vacío y no debe tener ningún fondo en color verde,
pero el siguiente párrafo que sí está vacío y debe tener el fondo en verde. </ p>
<p> </ p>
</ div>
```

Pseudo elementos

Los pseudo elementos de CSS2.1 se mantienen en CSS3 pero con algunas modificaciones. Ahora en su sintaxis se utiliza :: en lugar de : delante del nombre de cada pseudo elemento.

El nuevo pseudo-elemento ::selection

CSS3 incorpora este nuevo pseudo-elemento a la lista existente. El pseudo-elemento ::selection casa con la parte de cualquier elemento E que está seleccionado o resaltado en ese momento por el usuario. Un posible uso de este selector podría ser para controlar la apariencia de un texto que se ha seleccionado.

Algunas propiedades CSS se aplican a ::selection: color, background, cursor y outline.

La siguiente regla establece el color rojo para una selección en documento:

:: selection {color: # f00;}

Elemento de combinación

El elemento de combinación generalmente consta de dos selectores simples separados por un signo (~). Este selector casa ocurrencias del segundo elemento selector simple que sean precedidas por el primer elemento selector simple. Ambos elementos deben tener el mismo elemento padre, pero el segundo elemento no tiene por qué seguir inmediatamente después del primero. La regla siguiente casa elementos que están precedidos por un elemento p y que tienen el mismo elemento padre:

p ~ ul {background: # ff0;}

Funciones para definir valores

El módulo de CSS3 denominado "CSS Values and Units Module Level 3" tiene por objeto describir los valores y las unidades de las propiedades CSS y la sintaxis utilizada para definir los valores límites admitidos.

El módulo, entre otras novedades, creó tres funciones de CSS para definir valores. Estas son: attr (), calc () y toggle ().

Función calc()

La función calc () nos permite definir valores CSS con el uso de expresiones matemáticas, es decir, el valor adoptado para la propiedad es el resultado de una expresión matemática.
Los operadores matemáticos válidos son: + (suma), - (resta), * (multiplicación) y / (división) y las unidades válidas en el cálculo matemático son las unidades de: longitud, ángulo, tiempo, frecuencia y números.

El uso de esta función para establecer valor CSS permite mezclar diferentes unidades. Esto no es posible con el uso de CSS2.1 y anteriores.

Considere los siguientes dos ejemplos prácticos del uso de esta función:

Ejemplo 1:

HTML
<div> </div>

**CSS
body {
margin: 0 ;**

```
padding : 0;
}
div {
width: 90% ;              / * para los navegadores que no admitan
calc () * /
width : calc ( 100% - 100px );
margin : 0 auto ;
height : 200px ;
border: 1px solid black ;
background: lime;
}
```

En este ejemplo, centramos un elemento en la pantalla y definimos su ancho total igual a la dimensión de la pantalla completa menos 100px resultando en un elemento elástico con márgenes a izquierda y derecha constantes e iguales a 50px. Sea cual sea la resolución de pantalla los márgenes laterales permanecen sin cambios. Recuerde que debe establecer la anchura como un porcentaje (por ejemplo, 90%) sin utilizar calc (), como lo hacemos con CSS 2.1 y anteriores resulta en márgenes elásticos (en el ejemplo: 5% a cada lado) y no fijos.

Ejemplo 2:

HTML
```
< section id= "container">
<div class = "uno" > </div>
<div class = "dos"> </div>
</ section >
```

CSS
```
body {
margin : 0 ;
```

```
padding : 0 ;
}
.# container {
width : 90% ;
height : 300px ;
border : none ;
background : yellow;
}
div {
width : calc ( 50% - 20 px - 2em );          / * para soporte nativo * /
margin : 0 10px ;
height : 200px ;
border : 1 em solid black;
float : left ;
background : lime;
}
.dos {
float : right ;
background : red ;
}
```

En este ejemplo usamos dos elementos flotantes con bordes y márgenes dentro de un contenedor, ocupando cada uno de ellos el 50% del ancho del contenedor. Utilizamos la función calc() para ajustar los elementos en el contenedor.

Función attr()

La expresión attr () se utiliza para recuperar el valor de un atributo del elemento seleccionado y utilizarlo en la hoja de estilos. Se puede utilizar en pseudo-elementos también y, en este caso, se devuelve el valor del atributo en el elemento de origen del pseudo-elemento.
Su sintaxis es: attr(nombre atributo <tipo>? [,<fallback>].

Nombre atributo el nombre del atributo en el documento HTML del elemento al que se hace referencia en el CSS. Tipo es una palabra que representa cualquier valor de atributo o su unidad. Si el valor especificado no es correcto la expresón attr() no será valida. Si se omite el valor predeterminado es string.

Ejemplo:

**p:before{
content: attr(data-foo) " ";
}
<p data.foo="hello">World</p>**

Propiedad hyphens

Con el uso de CSS 2.1 y anteriores la única manera de conseguir la separación de palabras en un texto era forzando la ruptura de la palabra con el elemento <br> y usando el signo menos.

Tal solución era muy limitada y su posible uso era en casos muy concretos. La propuesta para realizar la partición de palabras en CSS3 es la de proporcionar un mecanismo capaz de realizar la separación tanto manual como automática. El algoritmo de Unicode para el salto de línea proporciona los caracteres U+2010 y U+00AD. U+2010 se llama HYPHEN y la norma Unicode dispone que ese carácter siempre será visible cuando sea renderizado. U+00AD se denomina SOFT HYPHEN (shy) y, a diferencia del anterior, este carácter no es visible cuando es renderizado. Su objetivo es indicar la posición preferencial para romper la línea (o palabra).

En HTML los caracteres para HYPHEN y SOFT HYPHEN son los siguientes: – ó – y ­ ó ­ respectivamente.

Propiedad hyphens

La propiedad CSS hyphens se aplica a todos los elementos HTML y admite los valores none | manual | auto, siendo manual el valor predeterminado.

Estos valores tienen los siguientes efectos:
- None: no se utiliza ningún guión, incluso en las etiquetas que contienen el carácter ­
- Manual: se aplicarán los guiones, cuando sea necesario, en los lugares donde estuviera el carácter ­.
- Auto: se aplicarán los guiones, cuando sea necesario, sin tener en cuenta que aparezca o no el carácter ­.

La directiva :: @ font-face

La directiva @ font-face se proporciona en el módulo Fonts del CSS3 y su objetivo es especificar una fuente para su uso en ciertas partes de una página o en toda la página (o en todo el site) y tener la garantía de que la fuente especificada será renderizada en el navegador del usuario, ya sea una fuente instalada en el sistema operativo o no.

Recuerde que con el uso de CSS 2.1 debe proporcionar una lista de fuentes que terminan con una fuente genérica para mostrar sus textos. Por ejemplo:

```
p {
font-family : "Lucida Grande" , "Lucida Sans" , Verdana , sans- serif;
}
```

La regla CSS mostrada determina que los párrafos sean renderizados preferentemente utilizando el tipo de letra "Lucida Grande" instalada por defecto en el sistema operativo Mac OS X.

Si el usuario está viendo la página en un entorno de Windows es casi seguro que no tendrá instalada la fuente y en este caso entra en la segunda opción de la lista de fuentes que es "Lucida Sans" instalada por defecto en el sistema operativo Windows.

¿Y si ambos usuarios han desinstalado las fuentes "Lucida" de su sistema operativo? En ese caso se utilizará "Verdana" y si falla se usará la última opción de la lista que es una familia genérica válida para cualquier sistema operativo. De ahí, la necesidad de terminar la lista con una fuente genérica.

Con el uso de la directiva @ font-face la dependencia del sistema operativo para la representación de fuentes se acabó.

Principio de funcionamiento

La idea central de la política de @ font-face es decirle al navegador del usuario que el tipo de letra especificado en la hoja de estilo debe buscarse en primer lugar en el sistema operativo local y en caso de no ser encontrada la descargará en el equipo local desde una dirección web. Es decir, el desarrollador aloja el archivo de la fuente (por lo general en un directorio en el sitio) y proporciona la dirección de alojamiento en las CSS.

Considere que hemos decidido utilizar el tipo de letra "RegencyScriptFLF Regular" (tipo de letra que imita la escritura a mano) en nuestro proyecto. Observe las reglas CSS a seguir:

```
@ font-face {
font-family : "RegencyScriptFLF Regular" ;
src : url ( " dirección Web para descarga de la fuente " );
}
p { font-family : "RegencyScriptFLF Regular" , cursive;}
```

El navegador del usuario descargará la fuente desde la dirección que figura en el src y utilizará el tipo de letra para hacer los párrafos en el documento. Si el archivo no se encuentra en la dirección especificada se utilizará en cursiva la fuente genérica.

Sintaxis y terminología

```
@ font face {
descripción: valor;
descripción: valor;
...
}
```

Formato

Los formatos de fuentes soportados por los navegadores estándar son .ttf, .otf, .svg y .svgz.

Valor local

Para decirle al navegador que debe, antes de descargar el código fuente, revisar si existe en el sistema local del usuario se utiliza el valor local en el src. Observe el siguiente código:

```
@ font-face {
font-family: "RegencyScriptFLF Regular" ;
```

src : local ("RegencyScriptFLF-Regular"), url ("dirección Web para descarga de la fuente ");
}

p { font-family : "RegencyScriptFLF Regular" , cursive;}

Valor format

La especificación también proporciona un valor para la directiva, llamado format, cuyo objetivo es informar el tipo de fuente. Observe lo siguiente:

@ font-face {
font-family : "RegencyScriptFLF Regular" ;
src : local ("RegencyScriptFLF-Regular"), url ("dirección Web para descarga de la fuente ") format ("opentype");
}

p { font-family : "RegencyScriptFLF Regular" , cursive;}

Colores en CSS3

Actualmente se pueden definir colores utilizando valores en CSS hexadecimal, rgb, con palabras clave o basados en el Sistema Operativo del usuario. CSS 3 contempla otras formas de definir los colores entre ellas utilizando el código hsl y hsla.

HSL son las siglas de Hue Saturation Lightness (tono, saturación, brillo).

HSLA son las siglas de Hue Saturation Lightness Alpha (tono, saturación, luminosidad, transparencia alfa.)

La sintaxis general de CSS para definir los colores de acuerdo con el código de hsl es: E {color: HSL (H, S% P%);} donde E es el selector, H es un valor angular (de 0 a 360 y sus múltiplos - en la rueda de color), S% es el porcentaje de saturación y L% es el porcentaje de brillo.

En el sistema hsla es: E {color: HSLA (H, S% P% A);} se incorpora una transparencia alfa (A oscila entre 0 y 1) para el color.

Ejemplo:
Un div de 400x100px tendrá fondo verde:

CSS:
div.test-siete {width: 400px; heigth: 100px; background: hsl (120, 100%, 13%);}

HTML:
<div class="test-siete">

DIV con fondo de color verde, que se define en el sistema HSL</ Div>
se define en el sistema HSL

Sombras en texto. La propiedad text-shadow

El módulo de CSS 3 establece la propiedad text-shadow con las siguientes características:

Nombre:	text-shadow
Valor:	ninguno I [<shadow>,] * <shadow>
Inicio:	Ninguno
Se aplica a:	todos los elementos y contenidos generados

Heredado:	Sí
Porcentajes:	No disponible
Medios:	Visual
Los valores calculados:	un color tres pasos CSS

La sintaxis general para escribir una regla CSS que contiene esta propiedad es la siguiente:

selector
{
text-shadow : medida -1 medida-2 medida -3 color;
}

Dónde:

- Medida-1: se compensa la sombra hacia la derecha (valor positivo) o hacia la izquierda (valor negativo);
- Medida-2: se compensa la sombra hacia abajo (valor positivo) o hacia arriba (valor negativo);
- Medida-3: es el radio para el efecto blur en la sombra;
- Color: es el color de la sombra.

Los valores de medida-3 y de color son opcionales. Si se omite medida-3 significa que no habrá ningún efecto de desenfoque en la sombra. La omisión de color significa que la sombra tendrá el mismo color que el definido en el texto. Los valores medida-1 y medida-2 son obligatorios.

El valor del color puede ser declarado después de las medidas, como se muestra en el ejemplo anterior o antes de las medidas, indiferentemente.

Como ejemplo, consideremos el siguiente código:

HTML:
<h1 > Encabezado </ h1 >

CSS:
h1{
font-size : 30px ;
color : black ;
text-shadow : 2px -2px lime ;
}

El efecto de desenfoque

El efecto de desenfoque (Blur) es una característica presente en cualquier editor de imágenes que consiste en "borrar" o "desenfocar" un área de color sólido. Vamos a aplicar el efecto de desenfoque en la sombra del ejemplo anterior añadiendo un radio de 10px para este fin, como se muestra a continuación:

HTML:
<h1> Encabezado </ h1 >

CSS:
h1
{
font-size : 30px ;
color : black ;
text-shadow : 2px -2px 10px lime ;
}

Combinando sombras

La propiedad text-shadow permite la aplicación de distintas sombras declarando una lista de grupos de valores como se muestra en los ejemplos anteriores, separados por comas. Vea el siguiente ejemplo:

HTML:
<h1 > Encabezado </ h1>

CSS:
h1 {
font-size : 25px ;
background : # 000 ;
padding : 40px 10px ;
color : #fff ;
text-shadow : 30px -30px # 0F0 , 20px -20px # f00 , 10px -10px # ff0;
}

Combinación de efectos

La combinación de valores para sombras con efecto blur puede provocar algunos efectos muy interesantes como el que se muestra a continuación:
HTML:
<h1> Encabezado </ h1>

CSS:
h1 {
font-size : 25px ;
background : # 660 ;
padding : 20px ;
color : # 660 ;

```
text-shadow : 0 0 20px #fff , 0 -10px 20px #fff ,
0 10px 20px #fff , -20px 0 40px #fff ,
20px 0 40px #fff ;
}
```

Transiciones

El objetivo del módulo es proporcionar mecanismos para cambiar el estilo de un elemento HTML de manera suave y controlada en el tiempo.

Propiedades para transiciones:

transition-property
Esta propiedad define las propiedades CSS que serán aplicadas a las transiciones. Observe los siguientes ejemplos:

```
selector {
transition-property: background-color / / transición en el color de fondo
}
selector{
transition-property: background-image, color / / transición en la imagen de fondo y color del texto
}
selector {
transition-property: all / / transición para todas las propiedades elegibles para transición
}
selector {
transition-property: margin-left, font-size, color / / transición en el margen izquierdo, tamaño de fuente y el color de texto
}
```

transition-duration

Esta propiedad define el tiempo de duración de la transición en segundos. Observe los siguientes ejemplos:

selector {transition-duration: 2s}
selector {transition-duration: 3s}
selector {transition-duration: 6s}

transition-timing-function

Esta propiedad define la forma como la transición avanza en el tiempo. Los valores posibles para esta propiedad son:

linear
ease
ease-in
ease-out
ease-in-out
bezier-cubic

En líneas generales cada uno de los valores define una tasa de animación a lo largo del tiempo. Por ejemplo: ease-in define una transición que comienza lentamente y se acelera en el final. Observe los siguientes ejemplos

selector {transition-timing-function: linear}
selector {transition-timing-function: ease-in-out}
selector {transition-timing-function:bezier-cubic (0.3 , 0.7 , 1.0 ,0.8)}

transition-delay

Esta propiedad establece el tiempo de espera en segundos para el inicio de la transición. Observe los siguientes ejemplos:

selector {transition-delay: 2s}
selector {transition-delay: 1s}
selector {transition-delay: 3s}

transition

Esta es una forma abreviada para las propiedades de transición mostrados anteriormente. Observe los siguientes ejemplos:

selector {transition: color 2s ease 3s} / / transición de color en 2s, tiempo de retardo de 3s
selector {transition: color 2s linear, border 2s linear;} / / transición de color y el borde en 2s, animación linear

Ejemplo:
Observe las etiquetas HTML y las reglas de estilo para hacer una transición de enlace a una página Web.

HTML
< a href = " dirección web" class = "demo" > Dirección Web </a >

CSS
a.demo {
width : 200px ;
height : 40px ;
margin : 20px 0 ;
text-align : center ;
padding-top : 10px ;
border : 8px solid;
border-color : black ;

```
text-decoration : underline;
border-radius: 10px ;
font: bold  24px Arial , sans-serif ;
display: bolck ;
background: red;
color : white ;
transition: all 2s linear;
}
a.demo: hover {
background: black ;
color : yellow;
border-color : green ;
transition: all 2s linear;
}
```

Construir una plantilla con propiedades CSS3

¿Cómo funciona?

La idea central de la construcción de una plantilla con el uso de las propiedades CSS3 se basa en la construcción de una rejilla en la parte superior de la plantilla que desea montar. La técnica de construcción de la red que se ha adoptado fue la de construir un esquema de plantilla, dividiéndolo en áreas de contenido y luego marcando esas áreas y cualquier espacio entre ellas.

Estas áreas de contenido y la separación son las dos entidades fundamentales para las declaraciones de estilo de diseño de la plantilla. La especificación W3C establece que se designe a cada área de contenido con una letra del alfabeto (a, b, c, d, etc.) y las distancias con un punto (.). Un área de contenido puede ser representada por una o más letras repetidas, por ejemplo, a o aa o aaa o aaaa ... , todos estos símbolos representan el área de contenido a. Se pueden utilizar tanto letras en minúsculas como en mayúsculas.

Vamos a hacer una lectura CSS3, de acuerdo con las directrices del módulo, del diagrama que se muestra a continuación:

aa
bc
dd

Esto es un diseño con una zona superior (aa), seguido de dos áreas una al lado de la otra (bc) y por debajo otra área (d), es decir, un diseño clásico con parte superior, dos columnas, siendo una para la navegación y otra para el contenido principal y el pie. Advertencia: la cantidad de letras repetidas no tiene relación con el ancho de las zonas. Vamos a ver cómo configurar el ancho.

En el diagrama de arriba, para establecer un espacio entre las dos columnas (bc) tendríamos el siguiente diagrama:

aaa
b.c
ddd

Los espacios están representados por puntos (.). Sólo tiene que insertar un punto entre las letras que representan las dos columnas y ya está.

Observe que introducimos otra letra en la zona superior (aaa) y otra en el pie de página (ddd). Esto se debe a que todas las filas deben tener el mismo número de caracteres (letras y / o puntos).

Usted está ahora en condiciones de construir el diagrama para un diseño de tres columnas con navegación superior horizontal, columnas verticales para la navegación, el contenido principal y el pie de página de publicidad.

Reglas generales

Como puede ver, un diseño para plantilla es una representación gráfica no sólo de la plantilla en sí, sino también del posicionamiento de las áreas de contenidos. Basándonos en el diagrama mostrado arriba es intuitivo razonar de la siguiente forma: la cabecera ocupa la posición a, la columna de navegación la posición b, el contenido principal la posición c y la posición de pie de página d .Además, hay un espacio entre las columnas b y c.

Esto todo en lenguaje de hojas de estilo quedaría expresado de la siguiente forma:

#cabecera { position : a;}
#navegación { position : b;}
#principal { position : c;}
 # pie { position : d;}

Las reglas CSS que se muestran no son simulaciones. Son reales. Es exactamente lo que se declara, se escoge una letra y esta aparece en el CSS. Cualquier letra, en mayúsculas o minúsculas, no acentuada, es válida.

Observe las reglas CSS que se indican a continuación:

body {
display : "aaa"
"b.c"

"ddd" ;
}

El código anterior dice lo siguiente: el contenedor de mi plantilla es el elemento body que tiene la siguiente configuración: una zona superior (cabecera), seguida de dos áreas separadas (navegación y contenido) y seguida por una zona (parte inferior).

Ahora vamos a ver como establecer las dimensiones de las columnas. Observe la siguiente regla.

body{
display: "aaa"
"b.c"
"ddd"
150px 2px 848px ;
}

O puede ser como se muestra a continuación, que no cambia la sintaxis, y es más fácil de ver:

body{
display: "a   a   a"
        "b   .   c"
        "d   d   d"
        150px 2px   848px;
}

Si queremos darle un espaciamiento de 2px entre la parte superior y las dos siguientes columnas podemos hacerlo así.

body{
display: "a   a   a"

```
"b   .   c" /2px
"d   d   d"
150px 2px 848px;
}
```

El pseudo-elemento ::slot ()

Slot define el área total del contenido. Cada letra de la plantilla es un slot.

Cuando establecemos el color de fondo de dos columnas adyacentes su color se revela a medida que la columna crece dependiendo así de la cantidad de contenido que en ella se introduce. Si los colores son diferentes y el contenido también se va a estar enfrentando a un problema conocido con una columna que se extiende hasta el pie de página todo coloreada y otra que se detuvo con lo que no se extendió su color.

Es el conocido problema de "falsas columnas" que se resuelve con la inserción de imágenes.

El pseudo-elemento :: slot () terminó con este molesto problema. El slot contiene toda el área del layout con independencia de la cantidad de contenido en ella. De esta manera:

body:: slot (b) { background : # ffc ;}
body:: slot (c) { background : # eee ;}

Ejemplo demostrativo:
Vamos a necesitar el plugin de jQuery y también la biblioteca jQuery, que podemos descargar desde Internet. Una vez que los tenga incluya en el head de su página lo siguiente:

```
<script
src= "http://ajax.googleapis.com/ajax/libs/jquery/1.3.2/jquery.min
.js " type="text/javascript" ></script>
<script src = "jquery.tpl_layout1.1.1.js" type = "text / javascript" >
</ script>
<script type = "text / javascript" >
$ (document). ready ( function () {
$ setTemplateLayout (),. / / Función del plugin
})
</ script>
```

Nuestra propuesta es la construcción de un diseño de tres columnas con la parte superior de navegación horizontal y pie de página. Para fines didácticos añadimos el espacio superior e inferior de las columnas y entre columnas.

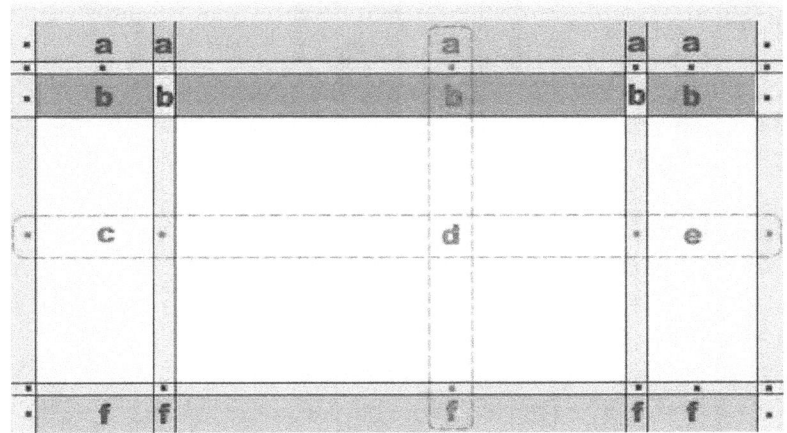

De la figura es fácil deducir el siguiente diseño del layout.
. aaaaa.
. . . .

. bbbbb.
. c.d.e.
. . . .
. f.f.f.f.f.

La parte pertinente dentro del HTML se muestra a continuación.

....
<body>
< div id = "todo" >
< div id = "top" >
< h1 > Cabecera </ h1 >
</ div >
< div id = "principal" >
< h2 > Contenido principal </ h2 >
< p > Contenido..... </ p >
</ div >
< ul id = "nav-hor" >
< li > < un href = "#" > Home </ a > </ li >
< li > < un href = "#" > Acerca de nosotros </ a > </ li >
< li > < un href = "#" > Portafolio </ a > </ li >
< li > < un href = "#" > Contactar </ a > </ li >
</ ul >
< div id = "navegación" >
< h3 > Navegación </ h3 >
< ul >
< li > < a href = "#" > Enlace A </ a > </ li >
< li > < a href = "#" > Enlace B </ a > </ li >
< li > < a href = "#" > Enlace C </ a > </ li >
< li > < a href = "#" > Enlace D </ a > </ li >
< li > < a href = "#" > Enlace E </ a > </ li >
< li > < a href = "#" > Enlace F</ a > </ li >
</ ul >

```
</ div >
< div id = "help" >
< h3 > Socios </ h3 >
< p > Socio 1 </ p >
< p > Socio 2 </ p >
< p > Socio 3 </ p >
< p > Socio 4 </ p >
< p > Socio 5 </ p >
</ div >
<div id = "pie" >
< p > Pie de página </ p >
</ div >
</ div >
</ body >
</ html >
```

Las reglas CSS pertinentes son:

```
body{
margin : 0 ;
padding: 0 ;
width: 100% ;
font: 62.5% / 160% sans-serif ;
display:            ".aaaaa,"
                    "........" / 0.5em
            ". bbbbb."
                    ".c.d.e."
            "........" / 0.5em
                    ".f.f.f.f.f."
            * 18 em .2em minmax ( 420px , 660px ). 2em 16em *;
            background: # f1e3b9 ;
}
/ * Nota:
```

1 -) La separación en los extremos se define con un asterisco (*), es decir, elástica. Consecuencia: el diseño se centra en la página, sin necesidad de margin: 0 auto;

2 -) La columna principal es elástica y va del mínimo 420px al máximo 660px. Propiedad minmax * /

#principal {
position : d;
text-align : justify ;
padding : 0 1.5em ;
font-size : 1.2em ;
}

#nav-hor {
position: b;
background: # 4690da ;
margin: 0 ;
padding :. 5em;
}

#navegacion {
position:c;
padding : 0 10px ;
}

#help {
position: e;
padding : 0 10px ;
}

pie {

```css
position: f;
text-align : centro ;
font-size : 1.1em ;
}

body:: slot (c) {
background: # e8f1fa ;
}

body:: slot (d) {
background: # fff ;
}

body:: slot (e) {
background: # e8f1fa ;
}
```

Conclusiones

CSS es un potente lenguaje de diseño que le permitirá ajustar los diseños que usted necesite realizar en prácticamente cualquier página Web.

Con CSS los cambios en el diseño de las páginas Web se pueden realizar de una manera sencilla ordenada, además de que gracias al CSS logramos tener un mayor control sobre el diseño y la estética de nuestra Web.

Los principales CMS incorporan partes de código para que usted pueda incluir sus propios CSS al sistema.

También espero que con este libro le haya conseguido despertar la curiosidad para mejorar su website y poder ser un gran desarrollador de websites que destaquen por su calidad visual y por su versatilidad y por su seguridad al validar correctamente los datos que se manejan en su web.

Un Cordial Saludo

Referencia Bibliográfica

Para la realización de este libro se han usado imágenes y se han leído, consultado, contrastado y traducido información de las siguientes fuentes de información:

Libros:

- El libro, "La Guía de HTML5, CSS y Javascript" de Andrés Serbat Ocaña.
- Aprende JavaScript Fácilmente, de Aarón Rojo Bedford
- HTML and CSS: Design and Build Websites, de Jon Duckett
- Jump Start CSS, de Louis Lazaris
- CSS: The Definive Guide, de Eric A. Meyer

Páginas web:

http://wikipedia.com
http://developer.mozilla.com
http://w3c.org

Acerca del Autor

Alicia Durango

Con 3 años de experiencia en el mundo de formación, Alicia empieza a escribir libros y a crear cursos online de informática para sus alumnos. Con una amplia experiencia laboral, Alicia González es una profesional con formación en Desarrollo de Aplicaciones Informáticas y Administración de Sistemas Informáticos, con más de 8 años de experiencia en el mundo de la informática, con amplia experiencia en los sectores de formación, publicidad y desarrollo web, llevando a cabo tareas de gestión, diseño gráfico, programación web y Directora de publicidad.

www.ingramcontent.com/pod-product-compliance
Lightning Source LLC
Chambersburg PA
CBHW051708170526
45167CB00002B/583